RICHARD DELAUME

GRAVEL & BIKEPACKING

UNE AUTRE IDÉE DU VÉLO

Glénat

S'ENIVRER DU MOUVEMENT PERPÉTUEL

Sofiane a remporté trois fois la Silk Road Mountain Race. © Ruben Palsencia / Velofilia

Sofiane Sehili
Instagram : @sofianeshl

Imaginons un monde aux proportions ridiculement réduites. Un monde si petit que quelques heures suffiraient pour toucher à ses confins. Imaginons un monde dénué de mystères. Où chaque îlot serait cartographié, chaque anfractuosité de chaque côte serait fidèlement reproduite dans le moindre atlas. Comment habiter ce monde pour celui qui naît voyageur ? Pourquoi s'adonner au voyage quand chaque point du globe est aussi aisément accessible que le voisinage immédiat ?
Ce monde c'est le nôtre. Comment naître explorateur dans un monde où plus rien n'est à découvrir ? Il n'y a eu qu'un temps pour les Magellan et les Marco Polo. Il n'y a plus rien à découvrir et, pourtant, il faut bien que les explorateurs explorent et que les voyageurs voyagent. Alors, peut-être, pourquoi pas après tout, le vélo… Car plus un déplacement est lent, plus il capte l'essence même de ce qu'est le voyage.

Ne tombons pas dans le poncif qu'un voyage sert avant tout à se découvrir soi-même. Il est bien plus prosaïque que cela. Il est littéralement terre à terre. Pour celui qui pédale au long cours, il n'y a qu'une vérité, celle du prochain virage, du prochain sommet, du prochain pied posé à terre en quête d'un second souffle… Pour lui, le kilomètre est la mesure de toute chose. Tout est quantifiable à l'aune magique de la distance. Il n'y a qu'une dimension, celle de l'espace. Qu'une obsession, celle de le conquérir, de le dévorer. Il existe hors du temps. En s'extrayant de sa vie de sédentaire, il a ouvert une parenthèse où le temps ne passe pas. Chaque jour n'est qu'un calque du précédent. C'est le jour du déplacement, de la découverte. Ce jour est tous les jours. Le voyage n'est qu'une ligne tracée sur une carte. Un mouvement pur.
La sagesse populaire se hâterait de dire de ce mouvement perpétuel qu'il est une fuite. Ce ne peut être vrai. Car la fuite est un rejet, une réaction. Elle porte en elle quelque chose de négatif qui est absent du voyage. Une peur qui en est l'antithèse. Le voyageur n'a pas peur. Il est retourné en enfance, en ce sens qu'un enfant ne connaît pas la peur car il ignore le danger. Celui qui fuit regarde derrière. Le voyageur ne regarde que devant. Un coup de pédale après l'autre, il embrasse le monde. Inféconde, cette étreinte d'un objet circulaire tentant d'épouser un objet sphérique

serait presque comique, si elle n'était merveilleusement poétique. Et pourtant, la littérature, comme le cinéma, a toujours dédaigné le vélo. Trop rapide pour les livres, la bicyclette est trop lente pour les films. Il n'y a que juché sur une selle que l'on se rend enfin compte que ce rythme-là est la vitesse réelle du temps. N'y a-t-il pas quelque chose de miraculeux dans le fait qu'une journée de vélo dure exactement un jour ? Que le soleil se lève pour éclairer la route et qu'il se couche lorsque vient l'heure de poser sa monture ? Mais, je l'ai dit, ce n'est pas le temps, ce n'est que son illusion. La poudre remonte dans le sablier comme dans un rêve. Les jours se confondent pour former un magma qui n'a ni début ni fin.
Lorsque je me replonge dans les souvenirs de certaines de mes courses, le fil des événements se fait confus. Tel événement a-t-il eu lieu le deuxième ou le troisième jour ? Qu'importe au fond.
Je ne sais plus dans quel pays se trouve tel paysage, où mes pneus ont foulé telle route. Cela aussi importe peu. Ce qui importe c'est la pureté du mouvement. L'absolu de cette ligne imaginaire que le voyageur trace en ralliant chaque jour une nouvelle destination.
Mais pourquoi, alors, pousser dans ses retranchements cette logique de mouvement en roulant jusqu'à l'épuisement, sans pause, par tous les temps, à travers la nuit et au mépris de toute contemplation ?
L'explorateur ne découvre pas une terre pour s'y établir ou pour jouir indéfiniment de ses richesses. Il découvre pour découvrir. Puis il repart, espérant découvrir à nouveau. Et l'acte se justifie par lui-même. Celui qui roule ne le fait pas pour rallier une destination. Il roule pour rouler. Au commencement, la faim, la nuit, la fatigue, les intempéries, les douleurs l'arrêtent. Mais si son âme de voyageur est pure, alors inévitablement, il cessera de s'arrêter. Il s'enivrera du mouvement perpétuel. Des kilomètres incessamment arrachés à la terre.

Dans l'Atlas, au Kirghizistan ou ailleurs, juchés sur nos vélos, nous ne cherchons qu'à transcender notre condition tristement humaine pour nous confondre avec un mouvement pur et ininterrompu. Nous n'allons nulle part. Nous ne cherchons rien. Nous pressentons simplement qu'il n'y a pour nous qu'une seule vérité. Celle du mouvement.

Sofiane est un voyageur qui fait des courses, ou l'inverse. © Sofiane Sehili

SOMMAIRE

Se lever tôt pour assister à ce spectacle. © Sergio Villaba

LA CLINIQUE DU GRAVEL › 76

INVITATION AU VOYAGE › 90

◄ **Le Gravel, un outil pour aller voir plus loin.**
© Pivot Cycles / Colton Jacobs

INTRO-DUCTION

C'est quoi un vélo Gravel ? Ou mieux « c'est quoi le Gravel » ? Si vous aimez les débats sans fin, voilà un sujet en or !
Certes, il est facile de parler de la « naissance » du Gravel aux États-Unis dans les années 2010 avec les premiers rassemblements qui deviendront quasiment instantanément des courses. Mais ce serait oublier que rouler dans les chemins n'est pas franchement une nouveauté. Des cyclotouristes aux cyclovoyageurs, en passant par tous les enfants du monde qui partent en exploration autour de la maison familiale ou les cyclistes du Tour de France (et d'autres courses de l'époque) avant l'invention du bitume, sans oublier les cyclo-muletiers, le Gravel existe depuis toujours ou presque.
La différence ? C'est que maintenant, nous avons un vélo vraiment adapté pour aller sur les pistes. En toute sécurité, pour monter et descendre avec des freins puissants, une géométrie tolérante, des pneus qui absorbent. Le Gravel, c'est l'avènement de la polyvalence.

Bien entendu, le VTT existe depuis longtemps et a pris ce rôle. C'est oublier que le Gravel et le VTT ont des motivations de départ bien différentes. Le VTT est né avec une volonté de descendre le plus vite possible (les fameux Klunkerz en Californie), que l'on constate aujourd'hui encore avec des vélos dotés de capacités de franchissement hallucinantes. De son côté, le Gravel est né d'une envie d'aller le plus loin possible. Il fallait modifier l'existant pour le rendre plus confortable et plus rapide.

Pour faire simple, nous pourrions dire ou même affirmer que le Gravel est l'évolution naturelle et ultime des différentes pratiques cyclistes déjà existantes. En ajoutant une couche sociétale voire sociologique, puisque le Gravel est aussi une réponse à la sécurité des cyclistes sur les routes, à la pratique cycliste accessible au plus grand nombre, à l'explosion du velotaf, et à l'envie de voyager à vélo.
Le Gravel combine le meilleur des différents mondes. Il possède dans son ADN cette envie d'aller voir ce qu'il y a derrière la colline ou au bout du chemin. Il permet de garder une fibre compétitrice, ou de voyager à moindre coût (enfin... ça c'est relatif).
À sa manière, le Gravel incarne le rejet des structures et classifications rigides. Rouler en Gravel, c'est s'affranchir de rouler en club, avec une tenue standardisée. C'est passer de la route à un chemin, revenir sur la route pour trouver le moyen de s'en échapper le plus vite possible.
Le plus drôle, c'est qu'il existe autant de façons de pratiquer que de pratiquants et pratiquantes. Encore plus drôles, ces différentes pratiques peuvent se mélanger avec harmonie et évoluer au fil du temps.

Dans ce livre, je tente de présenter la variété et la porosité des pratiques, en restant éloigné des options binaires. Le Gravel, le bikepacking, le voyage à vélo – peu importe le nom qu'on donne à ces pratiques – sont des recettes que l'on mijote, à vous d'y ajouter vos propres ingrédients.
Pour vous aider à créer votre recette, vous trouverez des éléments techniques, incontournables, mais aussi des idées de voyages, des conseils d'experts et des réflexions sur le vélo et le bikepacking.

Non, décidément, les carcans rigides, ce n'est pas pour le Gravel.

VOUS AVEZ DIT GRAVEL ?

La pratique du Gravel est vaste et recouvre presque autant de façons de faire que de pratiquants. Tout cela complique un peu la tâche des néophytes, qui peuvent se sentir noyés dans la multitude de vélos, matériaux, géométries, types de pratiques, etc.

Dans ce chapitre, vous allez découvrir la diversité du Gravel, du bikepacking et du voyage à vélo. À vous de tracer votre propre chemin dans les dédales du Gravel

Le voyage à vélo, à la recherche de contrastes. © Rodeo Labs

• ALORS, C'EST QUOI UN GRAVEL ?

Pour bien comprendre la géométrie d'un vélo, il faut se plonger dans des termes barbares comme *reach* ou *stack*, mais rassurez-vous, ce n'est pas si compliqué. Pour comparer différents modèles, je vous recommande d'aller jeter un œil sur geometrygeeks.com. Vous pourrez comparer plusieurs vélos simultanément et visualiser les différences de géométrie.

Un VTT des années 1990 ou un cyclocross à gros pneus ? Un vélo de route avec des sacoches partout ? C'est un peu tout cela sachant qu'il existe, comme pour le VTT, différentes catégories ou segments de pratique. Si la polyvalence est le maître mot du Gravel, cela se traduit directement dans la géométrie, qui permet de faire la comparaison puis la distinction avec un vélo de route, un VTT ou un cyclo-cross.

EMPATTEMENT

L'empattement, ou *wheelbase*, est la distance entre les axes des roues. Il donne une idée sur le comportement du vélo, avec une nuance à apporter. En effet, la valeur seule d'empattement ne suffit pas, il faut considérer l'empattement avant (pris entre l'axe de pédalier et l'axe de la roue avant), l'empattement arrière (pris entre l'axe de la roue arrière et le boîtier de pédalier) et mettre cela en résonance avec le *reach* et l'angle de direction.

© Berria Bike

On peut ainsi se retrouver avec des bases courtes et donc un empattement arrière plutôt court, mais avec un *reach* long et un angle de direction ouvert, ce qui augmente l'empattement avant. On aura alors un vélo assez dynamique mais stable malgré tout.
À titre de comparaison, l'empattement d'un vélo de route comme le Specialized Tarmac SL7 est de 975 mm tandis que le Gravel de la même marque, le Diverge Pro est de 1 026 mm.

ANGLE DE DIRECTION

Imaginez une droite qui passe par le tube de direction et descend former un angle au sol, c'est l'angle de direction. On le qualifie de fermé autour de 72,5°, caractéristique d'un vélo de route, et plutôt ouvert autour de 70° et en dessous, apportant stabilité, confort et maniabilité à basse vitesse.
Ajoutons à cela les notions de déport de fourche, de trail qui permettent d'ajuster le comportement du vélo pour manipuler le point de contact de la roue au sol et donc la stabilité et le dynamisme
C'est à travers ces données que les marques peuvent (ou pas) limiter l'importance du *Toe Overlap*, ce frottement du bout du pied sur la roue avant.

TUBE SUPÉRIEUR

Prise à l'horizontal entre la douille de direction et la tige de selle, cette mesure donne une indication sur l'angle du buste mais qui reste modifiable grâce à la longueur de potence (ce qui arrive fréquemment dans la conception de vélos sur-mesure). Il faudra compléter les comparaisons avec le *reach* et le *stack*.

REACH

Le *reach*, ou portée ou encore allonge en français, est la distance comprise entre l'axe du centre du boîtier de pédalier et le centre de la douille de direction pris sur sa partie haute. C'est la mesure du triangle avant, sans les angles. Contrairement à la mesure du tube supérieur, il permet de comparer réellement deux vélos et mieux prédire la position sur le vélo.
Traditionnellement, cette valeur est plus longue sur les vélos de route, offrant une position plus allongée et propice à envoyer des watts, au détriment de la maniabilité. Pourtant depuis peu, on constate que certains Gravels adoptent une géométrie « moderne » avec une longueur de *reach* élevée (autour 400 mm en taille S ou M), d'où l'usage de potences courtes et de tiges de selle avec peu, voire pas de déport.

STACK

Le *stack* est la verticale entre l'axe du pédalier et la projection verticale du centre du haut du tube de direction (*reach*). Le *stack* donne une idée de la hauteur du triangle avant, ce qui donne une bonne indication sur la maniabilité et le contrôle du vélo. Plus cette valeur est basse, plus on aura de *sloping*, et plus on pourra bouger autour de son vélo. Sur un Gravel, il est évident que l'on recherche davantage de maniabilité que sur un vélo de route par exemple.

HAUTEUR DU BOÎTIER DE PÉDALIER

Il existe deux façons de mesurer la hauteur du boîtier de pédalier. Entre le sol et l'axe du pédalier, ou alors en mesurant l'écart entre l'axe des roues et l'axe du pédalier (BB drop).
Dans le premier cas, cette valeur peut varier en fonction de la taille de pneu choisi.
Un boîtier de pédalier bas est synonyme de stabilité.

ANGLE DE SELLE

Il existe deux manières de mesurer l'angle de tube de selle. En partant du milieu du boîtier de pédalier, la mesure se fait sur le dessus de la selle (à la bonne hauteur), ou à l'entrée du tube de selle. On parle alors d'angle effectif et d'angle actuel.
Plus un tube sera droit, plus il sera facile d'ajuster sa position en selle. Plus il partira en arrière, plus ce sera

Le Gravel est une pratique multiple et segmentée. © Cameron Strand

compliqué. Mais au-delà cela va surtout donner une valeur de comportement au pédalage, notamment en montée, où plus l'angle sera droit, plus vous pourrez pousser sur les pédales vers l'arrière du vélo. Le secret d'un angle relevé est de diminuer le point mort du pédalage, en déplaçant l'effort sur les quadriceps tout en étant davantage en pointe de pied, ce qui réduit la pression sur les pieds. Un angle autour de 74°, typique d'une géométrie Gravel, vous apportera une position plus sur l'avant et plus relevée, tandis que 73° se rapproche d'une position route orientée performance et donc plus allongée. Mais attention, on retrouve certains vélos de route avec un angle très relevé avec aussi une longueur de tube supérieur très courte. Il faut veiller à prendre les chiffres dans leur globalité et tenir compte de la philosophie de la marque.

HAUTEUR DE SELLE

Elle se mesure de l'axe du boîtier de pédalier, au centre au-dessus de la selle lorsqu'elle est positionnée à votre hauteur de pédalage. Cette valeur est importante car elle va conditionner le choix du cadre en fonction de la taille du tube de selle. La différence entre ces deux dimensions va vous donner une indication sur l'insertion de la tige de selle dans le cadre.

Un bon point de départ consiste à mesurer son entre-jambe et multiplier par 0,885. Cette manière de faire s'applique moins aux nouvelles géométries mais constitue malgré tout une bonne base de réflexion.

DOUILLE DE DIRECTION

Plus ou moins élevée, la longueur de la douille de direction influence directement la position sur le vélo, mais aussi le confort de pilotage. Cette donnée sera différente entre un vélo orienté compétition (douille courte) ou confort (douille longue).

LONGUEUR DES BASES

Là encore, cette longueur, qui se prend de l'axe de la roue arrière au milieu de la boîte de pédalier, va déterminer la stabilité du vélo, mais aussi le rendement en relance et, dans une moindre mesure, la taille de pneu maximale autorisée. Une longueur typique Gravel se situe autour de 430 mm tandis qu'une géométrie route offre environ 410 mm. Des bases longues offrent plus de stabilité, plus de confort, et une meilleure tenue du vélo dans les côtes raides en usage tout-terrain. Les bases courtes donneront un vélo dynamique, plus joueur.

POUR QUELLES PRATIQUES ?

Ce n'est plus un secret, la pratique du Gravel et du bikepacking explose. De nouvelles épreuves voient le jour presque chaque semaine et il y en a pour tous les goûts et toutes les distances.
Seulement voilà, il est parfois difficile de s'y retrouver entre les différents formats. Pas de panique, voici de quoi s'y retrouver.

ÉVÉNEMENTS CHRONOMÉTRÉS SUR UNE JOURNÉE

N'en déplaise à certains, le Gravel est avant tout une pratique de compétition. Les premiers rassemblements en 2005-2006 ont très vite dégénéré en courses et c'est ainsi qu'une petite ville du Kansas, Emporia, a vu naître la matrice des événements Gravel, la Dirty Kanza, devenue depuis Unbound Gravel. D'autres épreuves de ce type sont ainsi sorties de terre, comme Mid South ou Almanzo 100. En France, il faudra attendre 2016 pour assister à la première édition de la Gravel Roc lors du festival VTT Le Roc d'Azur. Ce type d'épreuve est loin d'être majoritaire dans l'hexagone, principalement à cause de la complexité à organiser un événement. En revanche, nos voisins – Suisses, Italiens ou Espagnols – sont nettement mieux lotis avec des événements à la fois compétitifs et conviviaux, sans les lourdeurs fédérales ou préfectorales.

De plus, 2022 aura vu l'apparition du circuit UCI Gravel avec des épreuves à travers le monde, qualificatives pour les championnats du monde.
Pour toutes ces épreuves, difficile de donner un ordre d'idée sur la difficulté tant les distances ou les dénivelés varient d'une épreuve à une autre. Les parcours eux aussi diffèrent fortement en fonction des surfaces rencontrées et de la proportion routes/chemins.

Quel vélo ?
Il faudra privilégier le rendement et le poids pour performer sur ces épreuves. Un cadre et des roues rigides, des pneus roulants allant de 40 à 45 mm selon le parcours, même plus gros encore. On voit certains athlètes avec des pneus de 50 ou 53 mm à l'avant et 50 mm à l'arrière, voire plus. Nous reviendrons plus en détail sur les pneus dans le chapitre dédié.
Peu de sacoches, surtout si des ravitos sont prévus sur le circuit. Un sac d'hydratation peut être un plus pour éviter de lâcher le guidon trop longtemps.

Épreuves à suivre :
Unbound Gravel (USA) : www.unboundGravel.com
The Traka (Espagne) : www.klassmark.com
Iron Gravel (Espagne) : https://ironGravel.com
Roc d'Azur : www.rocazur.com

Le vélo de Alexey Vermeulen, un Gravel « race » avec des pneus de 50 mm et une transmission route. © Avery Stumm

ÉVÉNEMENTS SUR UN À PLUSIEURS JOURS

Nettement plus nombreuses et populaires en France, ces épreuves fleurissent un peu partout sur le territoire. Plus faciles à organiser, elles sont aussi plus accessibles et moins intimidantes, de toutes distances, sur des terrains exploitant la diversité de l'hexagone. Finalement, ce sont les randonnées VTT ou cyclo que l'on retrouve partout, mais à la sauce Gravel. La série Gravelman fait figure de précurseur en proposant d'abord un format unique de 350 km à réaliser en trois jours maximum. Un format 120 km existe depuis peu et parfois, un format 600 km. Les événements organisés par Erminig ou Gravel Spider offrent à la fois une bonne dose d'aventure, et un esprit convivial. Les festivals comme le Roc d'azur ou Gravel Fever à Châtellerault (86) proposent un mélange de tout cela avec différentes épreuves allant de 50 km à 500 km, sur une journée ou trois jours.

Quel vélo ?

La réponse est très simple : celui que vous avez fera parfaitement l'affaire, à condition d'adapter les pneus et les développements au parcours. Selon la distance quotidienne envisagée, il faudra prévoir des sacoches en conséquence. Le conseil ultime : privilégier le confort et la souplesse d'utilisation.

À la lutte sur la Gravel Fever 2024. © Charlotte Lindet

Épreuves à suivre :

Gravelman : www.Gravelmanseries.com
Gravel Fever : https://Gravelfever.fr/
GTB series : https://erminig.cc
Gravel Spider : www.spiderbikecrew.com

ÉVÈNEMENTS TYPE ENDURO

À mi-chemin entre la course et la rando se situe un créneau un peu bâtard, le format enduro, popularisé par la série Grinduro. Il se caractérise par des segments chronométrés, généralement techniques et/ou engagés. Le reste du parcours est à allure libre. Ce format est très apprécié en France pour contourner l'emprise fédérale et administrative, et tenter d'attirer les compétiteurs.

Quel vélo ?

Un peu comme pour les épreuves chronométrées, il faudra prévoir un vélo à la fois rapide mais aussi capable d'encaisser les segments souvent un peu techniques. Cela signifie un vélo rigide, léger et maniable avec des pneus de 40 à 45 mm selon le terrain et le niveau technique. Pourquoi pas imiter la coureuse argentine Sofia Gomez Villafane et utiliser une fourche et tige télescopique ?

Épreuve à suivre :

Grinduro : https://grinduro.com

« T'inquiète, c'est roulant, ça passe bien ! »
© Martino Areniello

ÉVÉNEMENTS CHRONOMÉTRÉS À ÉTAPES

Nettement moins répandues et inexistantes en France, les épreuves à étapes reprennent un peu en Afrique de l'Ouest sous l'impulsion du Team Amani et l'organisation d'épreuves en Tanzanie, au Kenya ou au Rwanda.

Quel vélo ?

Même si le terrain semble être roulant, on remarque quelques choix atypiques, notamment Lachlan Morton en pneus de 50 mm sur son Cannondale Super Six Evo.

Épreuves à suivre :

Migration Gravel race :
www.migrationGravelrace.com
Evolution Gravel race :
http://evolutionGravelrace.com
Gorilla Gravel : https://www.Gravelgorilla.com

▲ **En VTT ou en Gravel, le bikepacking est un espace de liberté.** © Morten Schrøder

ÉVÉNEMENTS LONGUE DISTANCE (BIKEPACKING)

Pour cette dernière catégorie, bienvenue dans la zone trouble. Gravel ? VTT ? On ne sait pas très bien et c'est très bien ainsi, pour une raison toute simple. Sur ce format, les distances peuvent débuter autour de 1 000 km et atteindre les 2 000 ou plus, souvent sur des terrains engagés. On ne parle donc plus de genre de vélo, mais du vélo adapté à la fois au terrain et au cycliste. VTT semi-rigide ou tout suspendu, Gravel suspendu... peu importe, il faut arriver au bout en un seul morceau !
En France, nous avons la chance d'avoir deux pionniers avec la Gravel Tro Breizh et la French Divide (qui s'arrête toutefois en 2025 après la 10e édition).

Épreuves à suivre :

Gravel Tro Breizh (France) : https://erminig.cc
Atlas Mountain Race (Maroc) :
https://atlasmountainrace.cc
Silk Road Mountain Race (Kirghizistan) :
https://www.silkroadmountainrace.cc
Race around Rwanda : https://racearoundrwanda.com/

OFF

Format un peu à part, le « Off » consiste à parcourir le parcours d'une épreuve mais hors épreuve, c'est-à-dire en solo, en couple ou entre amis.
La pratique est connue grâce à l'avènement de plateformes comme Strava en récupérant le parcours en format GPX puis en partant. C'est aussi la bonne vieille rando ou le voyage à vélo, loin des organisations. Cette pratique décalée offre la possibilité de s'affranchir d'une organisation, mais aussi de créer ses propres aventures en mélangeant, pourquoi pas, les pratiques sportives : Gravel, trail, escalade, ski... tout est permis.
Néanmoins, cette pratique solo fait des émules et quelques organisateurs d'épreuves proposent de faire le parcours de son côté, pour la beauté du paysage. C'est le cas de la célèbre épreuve « Badlands » en Andalousie. 700 km, 16 000 m D+, quatre déserts à traverser et une chaleur parfois étouffante. Sans parler des milliers de demandes d'inscriptions pour 350 places. Dans ces conditions, l'organisateur a pris la décision d'ouvrir le parcours à celles et ceux qui préfèrent découvrir les paysages lunaires hors courses, hors pression et à une saison moins torride que fin août.

Infos : https://badlands.cc/journal-badlands-unplugged

Le cas particulier des BRM et des 24 h

De plus en plus de BRM et de 24 h s'ouvrent au Gravel et permettent de s'initier à la longue distance dans des conditions plus confortables.

Les Brevets Randonneurs Mondiaux (BRM) ont une histoire riche qui remonte au début du XXe siècle. Leur genèse est intimement liée à l'Audax Club Parisien (ACP) et au développement du cyclotourisme. Les BRM sont des randonnées cyclistes caractérisées par une allure libre et l'absence d'esprit de compétition. Les distances vont de 200 à 1 000 kilomètres, et sont qualificatives pour le fameux Paris-Brest-Paris.

Le désert de Gorafe, traversé par Badlands comme trois autres déserts en Andalousie. © Juanan Barros

Aujourd'hui, les BRM sont organisés dans plus de cinquante pays et sur cinq continents.
Un symbole de cette internationalisation fut la remise du 500 000e brevet de 200 kilomètres à Sina Witte, une randonneuse allemande résidant en France.
En France, le BRM 200 organisé à côté d'Orléans début mars depuis cinq ans fait figure de pionnier en la matière et est devenu un incontournable. Nous étions six au départ de la version Gravel en 2020 et plusieurs centaines en 2024. Le BRM des Marais Blancs dans le Cotentin ou la Normandicat (à côté de Caen) sont désormais des classiques du Gravel en France.

Autre façon de s'initier à la longue distance et appréhender le délicat sujet de la nuit : les 24 heures VTT. Face à la désertification des épreuves et la baisse des inscriptions, certaines épreuves ouvrent leurs portes aux Gravel. Une véritable aubaine pour découvrir les sensations de fatigue et de roulage nocturne, dans un cadre sécurisant avec assistance.
Parmi les épreuves historiques en France, les 24 heures de Cergy (95) sont un classique. Autre épreuve en passe de devenir un classique, les 100 boucles de la Monnerie (dans la Sarthe), un vrai 24 h 100 % Gravel !

Les BRM cyclo et 24h, une autre façon de découvrir la longue distance. © Nicola Damonte

C'EST FAIT EN QUOI ?

Carbone, titane, acier, alu ? Quel est le matériau le plus adapté au Gravel, quel est le meilleur ? Le choix de matériaux est vaste, encore que... pas tant que ça. Quatre matériaux mais chacun avec ses qualités et ses défauts, sans oublier que chaque matériau est aussi sujet à différents niveaux de qualité. Ajoutons à cela que le matériau ne fait pas un vélo de qualité, c'est un système global qui inclut la conception et la géométrie. La quête du vélo parfait pour tout le monde est donc perdue d'avance, tout est question d'équilibre et d'usage.

CARBONE

Aussi répandu qu'il est dénigré, le carbone fournit pourtant des vélos légers et réactifs, à condition d'être bien conçus. La versatilité du carbone permet de modeler à l'infini le comportement du vélo, allant de l'ultra rigide à un vélo confortable. Ce matériau offre également des possibilités ergonomiques comme le passage des pneus importants ou l'intégration d'espace de stockage dans le tube diagonal, sans parler de l'optimisation aérodynamique qui permet d'économiser son énergie.

En revanche, le recours de certaines marques à des cadres génériques contribue à dégrader l'image de ce matériau en proposant des vélos souvent trop rigides. Avec un marketing vantant la rigidité et l'aérodynamisme, on se retrouve souvent avec des vélos raides et épuisants du fait d'une trop grande rigidité au niveau du boîtier de pédalier. Le résultat est alors un vélo

Chacun sa façon de rouler. © Berria Bike / Juan Perez Oliver

ultra-réactif et flatteur, mais qui a tendance à s'endormir et demande à être « réveillé » à grands coups d'accélérations. Tout cela avec une faible filtration des micros-vibrations.

Autre point noir pour nos pratiques Gravel et bikepacking : la réparation. Il arrive de tomber sur la route, mais en Gravel cela peut arriver plus souvent. De fait, même si elles existent, les possibilités de faire réparer son cadre en cas de casse sont plus limitées.

Enfin, le coût énergétique n'est pas à négliger puisque 99,9 % des cadres carbones sont fabriqués en Asie, sans parler de l'impossibilité (pour le moment) de recycler un cadre en carbone. Le carbone a donc un très mauvais bilan... carbone !

TITANE

Le matériau roi ! Le seul, l'unique, qui récolte presque 100 % des suffrages, et quiconque teste un jour un cadre en titane en ressortira avec un large sourire. Si les marques pionnières telles que LiteSpeed ou Moots sont basées aux USA, nous ne sommes pas en reste en France avec quelques spécialistes comme Chiru, CMT ou encore Léon et Robert Framework.

La grande force du titane réside dans sa capacité à absorber les chocs, à se déformer et à reprendre sa forme d'origine. Le poids plume des cadres titane est aussi un argument à considérer.

Attention, on en revient aussi à la notion de conception car il serait faux de croire que le titane est la panacée. La forme et l'orientation des tubes ainsi que leur épaisseur, ou encore le type de titane employé sont autant de paramètres à prendre en compte pour apprécier les qualités d'un vélo. Il faut également regarder quels types de tubes sont utilisés et à quels endroits du vélo, puisque deux types de tubes sont utilisés : grade 5 et grade 9 (sachant qu'il existe 38 grades de titane, qui sont en fait des combinaisons avec d'autres métaux). Les grades 5 étant utilisés pour les tubes réclamant de la rigidité, on les retrouve souvent au niveau du boîtier de pédalier et de la douille de direction. En revanche, certaines marques les utilisent pour l'ensemble du cadre, produisant alors des vélos hyperrigides, proches d'un rendu carbone.

Le principal inconvénient du titane est son coût, mais que l'on peut mettre en perspective avec la durabilité du matériau. En gros, quand on achète un cadre en titane, c'est pour la vie !

▲ **Le titane offre un confort incomparable.** © Chiru Bikes

◄ **Un Gravel titane avec une géométrie alliant stabilité et performance.** © Cycles Leon

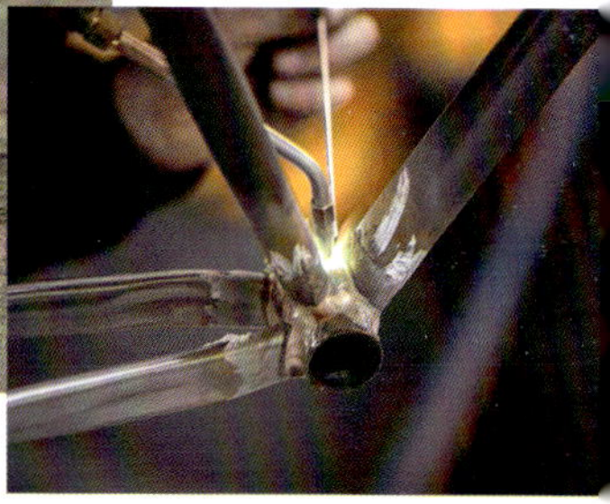

L'acier est un terrain d'expression artistique pour les artisans comme Quokka. © Quokka

ACIER

L'autre star du Gravel et du bikepacking. Matériau plébiscité pour son confort tout en restant relativement léger et, pourquoi pas, performant. L'acier se prête merveilleusement bien à la création artisanale d'un cadre sur-mesure grâce à ses propriétés mécaniques, sans parler des possibilités de personnalisation. Au-delà du marché du sur-mesure, l'offre en vélos ou cadres de série est relativement large avec par exemple Meral, Cycles Victoire ou encore Standert.

ALUMINIUM

L'alu se retrouve sur les cadres des vélos d'entrées de gamme, essentiellement pour ses qualités de rendement pour un poids plume. Le rendu est parfois un peu sec, avec peu de déformations, mais l'alu permet de proposer, à des tarifs raisonnables, des vélos qui se prêtent parfaitement au jeu pour débuter sereinement.

Parmi les incontournables, on retrouve bien entendu le Triban RC520 et le Nakamura Allroad 250.

L'alu permet de produire des vélos abordables et bien équipés. © Cannondale

• LES AFFRANCHIS

Stéphane Brogniart
Aventurier
Instagram : @stephane.brogniart

© Stéphane Brogniart

S'affranchir des organisations, créer ses propres aventures. Ce que l'on nomme plus communément le « Off ». Quelle douce pensée.

Le monde du sport, reflet de notre société, est souvent basé sur la lutte entre les individus selon une hiérarchisation et une comparaison dans presque tous les domaines.

Avec l'avènement et la démocratisation des aventures, notamment depuis les années 2000 avec Mike Horn, un grand nombre de personnes se sont rendu compte qu'il était possible de se réaliser dans le sport sans avoir besoin de battre d'autres individus dans une organisation codifiée. À partir de là nous pouvons faire la distinction entre deux catégories : le sport codifié et l'aventure.
Le sport codifié minimise considérablement un grand nombre de paramètres et ne juge qu'un seul critère (la vitesse d'exécution, la longueur du saut, le nombre de buts marqués, etc.).
L'aventure quant à elle se verra honorifique dans la capacité à avoir été capable de faire face à tous les éléments en cours de chemin qui pourraient mettre un stop à la progression.
Une aventure réussie est une aventure semée d'embûches qu'il a fallu surmonter, résoudre pour mener jusqu'au bout son projet.
Une sorte d'école de la vie pour adulte.

L'aventure par rapport au sport codifié est globalement une réalité de nos vies quotidiennes dans un temps donné, sur une épreuve choisie, et construite individuellement ou collectivement. Dans un défi hors cadre organisationnel, il faut tout construire.

Il y a dans notre époque un désir profond de s'exprimer au travers de ce que l'on fait, en dehors de ses responsabilités familiales, professionnelles, etc.
Le sport codifié propose une manière de s'exprimer bien souvent réduite à un classement ou un temps.
Le « Off » (souvent appelé comme ça) permet de lui donner un caractère très personnel, et donc moins réducteur.
On peut plus facilement « faire parler » une aventure « Off », lui donner un caractère très personnel dans les raisons de se lancer dans cette aventure.

La démarche de développement personnel est plus facile dans ce genre de cas.
Cette idée de donner du sens à ce que l'on fait, de passer du désir à une réalisation concrète, d'un accomplissement sur des critères personnels, d›exprimer un quelque chose que nous avons au fond du cœur, du corps à ce moment de vie.
Identifier ce quelque chose, cette émotion, ce rêve, cette vengeance, ce rachat de soi-même, ce cadeau que l'on veut se faire, etc.
Matérialiser ceci par une liste d'ingrédients personnels qui nous permettent de réaliser cette envie personnelle profonde.
Et ensuite, cherchez ou créez une aventure qui intégrerait la totalité de ces ingrédients.
Nous obtenons ainsi un événement en accord parfait avec soi-même.

Le « Off » autorise plus facilement cette construction, cette réalisation, cette satisfaction et la fierté personnelle.

À condition d'avoir matérialisé son « off » avec des données, un cadre d'avancement, une rigueur de réalisation, etc. lié à son niveau de connaissance actuel, le « Off » donne aussi la liberté de se perdre pour augmenter les champs de compétences.
En cours de réalisation, les possibilités de faire entrer des éléments extérieurs sont très grandes.
Le sport codifié cloisonne dans un cadre rigoureux, et isole l'individu du reste du monde. Dans le « Off », la personne évolue au milieu du vrai monde qui l'entoure.
Ainsi en cours d'évolution il y a un enrichissement des connaissances plus grand dans le « Off », car les rencontres avec d'autres individus extérieurs, des lieux énergétiquement chargés, les possibilités de se laisser bousculer par ce qui n'avait pas été prévu, vous fait revenir beaucoup plus riche personnellement que ce que vous étiez venu chercher au départ.

Pour finir sur une note plus philosophique et qui n'est que mon avis : le « Off » est dans le ton et le temps de l'endroit dans lequel tu te trouves, sans le déranger par une arrogance ou une intention mal placée qui manquerait de respect pour ce lieu.
Tu te retrouves dans un endroit conduit par ta construction mentale et physique, pour ton bien.
Tu as été conduit au bon endroit pour en être totalement imprégné et c'est tant mieux.

En 2020, Stéphane Brogniart a traversé l'atlantique à la rame en 72 jours. © Stéphane Brogniart

ÇA AVANCE COMMENT ?

LA TRANSMISSION

Contrairement à la route ou au VTT, le Gravel propose plusieurs types de transmission, en fonction du budget et des différentes pratiques. Voici un panorama des différentes combinaisons pour vous y retrouver.

> Double plateau

Issu de la route, mais adapté à un usage Gravel avec des manivelles plus courtes et un ratio de développement plus court, le double plateau reste la solution de choix pour affronter différents terrains grâce à sa grande polyvalence. On retrouve souvent une combinaison de plateaux de 46 ou 48 dents et 33 dents avec une cassette allant jusqu'à 36 dents, parfois même des plateaux de 43/30. Cela permet d'avoir un rendement correct sur les portions roulantes, tout en étant capable d'affronter de forts pourcentages. Le meilleur rendement sur les portions roulantes s'explique par moins de frictions au niveau des maillons de la chaîne, mais aussi grâce à un bras de levier plus important de la combinaison grand plateau/couronne en milieu/haut de cassette. Il en résulte une sensation de pouvoir mieux enrouler, même à longueur de ratio égale, par rapport à un mono plateau. Le double plateau propose également un meilleur étagement des dentures de la cassette par rapport au mono.

Le principal défaut de ce système est l'usage de deux poignées au guidon et la difficulté à trouver le bon équilibre entre grand plateau et petit plateau pour ne pas croiser la chaîne.

Ce système peut aussi trouver ses limites sur des terrains extrêmement boueux avec un encombrement notamment au niveau du dérailleur avant.

L'usage du double plateau est également une limite pour utiliser de gros pneus à l'arrière, là aussi à cause du dérailleur avant.

> Le mono plateau

Directement issu du VTT, le mono plateau est la panacée du Gravel, mais sans être le système le plus efficace. Redoutable de simplicité, un seul dérailleur, il trouve néanmoins ses limites en étant proposé avec un plateau de 40 dents et une cassette allant jusqu'à 42 ou 44 dents. Là où des cyclistes chevronnés s'en sortiront aisément, ce ratio peut rapidement devenir trop difficile pour les néophytes sur des terrains vallonnés ou très techniques.

Dans ce cas, on peut saluer l'initiative de quelques marques dont Specialized de proposer des montages mélangeant des éléments Gravel avec des composants VTT. On trouve donc maintenant des montages avec un plateau de 40 dents, un dérailleur VTT et une cassette jusqu'à 52 dents. Ce type de montage permet plus de marge de manœuvre tout en évitant de passer sur un double plateau, plus complexe mais plus efficace. Bien entendu, il est aussi possible, pour certains parcours très montagneux en mode bikepacking, de mettre un plateau de 34, 32 ou même 30. Ce ratio permet d'accumuler du dénivelé mais surtout de rouler avec un vélo chargé.

Une autre manière de procéder est de mettre un plateau plus gros, 42 ou plus et de conserver une cassette VTT. Cela évite de passer en double plateau, tout en évitant la perte de rendement d'un petit plateau. Cela permet de mieux négocier les passages boueux en évitant d'encombrer le dérailleur avant.

> Mécanique ou électrique ?

La question de la fiabilité d'un groupe électrique type Shimano Di2 ou Sram AXS ne se pose plus. Ces technologies sont éprouvées depuis longtemps et ont fait largement leur preuve. Les plus sceptiques diront qu'il faut recharger la batterie ou emporter une ou plusieurs batteries de secours, mais ce sont peut-être les mêmes qui critiquent les freins à disques ou le tubeless.

Le seul véritable frein pour accéder à un groupe électrique est son prix, même si cela devient de plus en plus accessible.

1

2

3

4

5

6

7

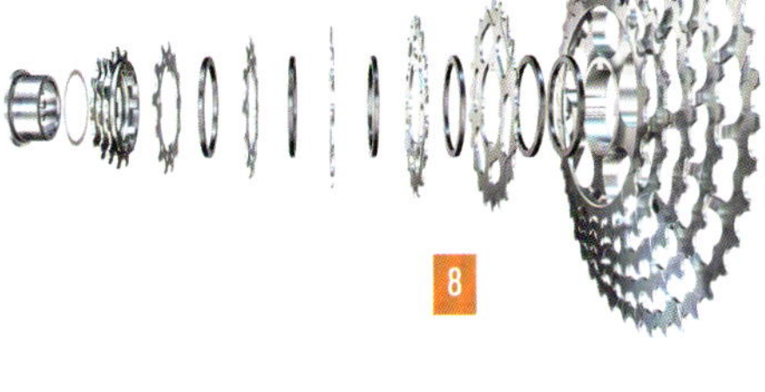

8

1. Un mono plateau ovoïde. © Quokka 2. Une transmission mono plateau Sram AXS avec dérailleur et cassette VTT. 3. Le dérailleur Shimano GRX est spécialement conçu pour le Gravel. 4. Un dérailleur Sram AXS VTT avec un mono plateau Sram Force. 5. Un ensemble Gravel 2x11 vitesses Shimano GRX Di2. 6. Le dérailleur Campagnolo Ekar 13v. 7. Le pédalier Campagnolo Ekar 38 dents. 8. Une vue éclatée de la cassette Campagnolo Ekar.

> Des alternatives ?

Existe-t-il des alternatives aux marques majeures que sont Shimano, Sram et Campagnolo ?

La réponse est un grand oui, notamment avec Microshift et son groupe Sword, malheureusement trop peu répandu et qui demande un montage personnalisé, n'étant pas disponible de série. Nous pourrions citer Classified et son système innovant de double plateau virtuel intégré dans le moyeu arrière ou encore Pinion et Effigear et leur changement de vitesse dans le boîtier de pédalier.

LE FREINAGE

Élément important sinon capital sur un vélo, le freinage par disque s'est imposé presque instantanément en Gravel, même si son utilisation en VTT remonte à la fin des années 1990. Système complexe par excellence, on peut néanmoins le résumer ainsi : une action sur la poignée de frein entraîne la tension d'un câble ou le déplacement de liquide de frein, les pistons se mettent alors en mouvement dans l'étrier, ce qui permet aux plaquettes de se serrer contre le disque.

On comprend alors qu'il existe deux systèmes de freinage : mécanique ou hydraulique.

Les freins hydrauliques équipent la majorité des vélos du marché, tandis que les freins mécaniques sont présents sur les modèles d'entrée de gamme. Il est important de noter que le freinage mécanique ne brille pas par sa précision ou sa puissance.

Changer des plaquettes est une opération très simple. © Shimano / Tyler Roemer

Les freins à disque offrent un freinage plus puissant et progressif.
© Sergio Villaba

L'entretien des freins à disque hydrauliques est complexe et demande un peu de matériel (un kit de purge). C'est pourquoi je recommande de laisser cette opération à un professionnel. En revanche, le changement des plaquettes et leur réglage sont des opérations très faciles qu'il est recommandé de maîtriser, surtout si vous envisagez de longs périples.

Pour vous aider dans cette manipulation, voici **une vidéo pour apprendre à changer les plaquettes :** https://youtu.be/5nQzTmTuFw0

N'oubliez pas de roder vos plaquettes et régler vos étriers.
© Shimano / Tyler Roemer

▲ **Les roues permettent de changer radicalement le comportement d'un vélo.** © DT Swiss

► **De bonnes roues améliorent à la fois l'aéro, la résistance au roulement et le poids.** © Mavic

LES ROUES

Autre élément capital du vélo, les roues sont certainement les périphériques qui affectent le plus le comportement de votre monture et dont le remplacement a le plus d'effet.

En effet, la progression de l'ensemble vélo/cycliste est contrariée par quatre forces : l'air, le frottement, les frictions et la gravité. Il se trouve qu'une paire de roues présente des caractéristiques aérodynamiques, un poids, et que le roulement du moyeu va générer plus ou moins de frictions, sans parler du matériau (alu ou carbone) utilisé pour sa fabrication. Il est alors facile de comprendre qu'une roue lourde affublée d'un moyeu qui ne tourne pas très bien sera moins performante.

En Gravel, il est assez commun d'utiliser des jantes au profil autour de 30 mm de hauteur pour préserver la maniabilité et le dynamisme. Au-delà, on trouve certes un avantage aérodynamique et un rendement mais on perd en polyvalence.

Les parois d'une jante présentent également deux formes distinctes : avec crochet ou sans crochet (on dit alors *hookless*). L'intérêt des crochets est de sécuriser la tenue du pneu sur la jante, notamment à basse pression, tandis que le profil *hookless*, issu du VTT, permet de limiter le risque de crevaison par pincement du pneu sur la jante. En revanche, ce profil ne supporte pas les hautes pressions, ce qui tombe très bien pour la pratique du Gravel et du bikepacking.

On résume les caractéristiques d'une roue :
- le poids ;
- la hauteur de jante ;
- le profil de la paroi ;
- la largeur ;
- le rayonnage et le type de rayons.

Mais pour bien comprendre le comportement d'une roue, il faut aussi prendre en compte la rigidité latérale et frontale, ainsi que l'inertie et le moment d'inertie d'une roue. C'est-à-dire la capacité ou pas d'une roue à se déformer, à se mettre en rotation, à conserver la vitesse ou à changer de vitesse.

LES PNEUMATIQUES

Le grand sujet ! « C'est quoi tes pneus ? », la sempiternelle question sur les réseaux sociaux !

Exactement comme les roues, les pneus ont le pouvoir de changer radicalement le comportement d'un vélo et ont une influence considérable sur le rendement général et même la sécurité.

L'avancée d'un vélo est gênée par le frottement du pneu au sol, ce qui implique à la fois le dessin du pneu (lisse ou avec des crampons), sa largeur et la pression de gonflage.
La pression de gonflage est elle-même influencée par le type de montage : chambre à air ou tubeless.
En chambre à air, le principe est simple : on place une chambre à air dans le pneu et on gonfle. Le problème, c'est que ce système est sujet aux crevaisons, il n'aime pas les épines, les pincements, les petits silex. Cela oblige à gonfler assez fort pour résister à ces attaques. Il en résulte un pneu qui ne se déforme pas et rebondit sur chaque caillou, et diminue les capacités d'adhérence en virage ou en côte. La réparation est certes simple, on change de chambre à air. Mais en hiver, dans la boue… simple ne signifie pas agréable.
La technologie tubeless, utilisée en VTT depuis une vingtaine d'années, permet de rouler sans chambre à air à l'intérieur du pneu. En revanche, le pneu contient un liquide appelé « liquide préventif » à base de latex qui vient boucher les trous jusqu'à 4 à 6 mm, selon le produit.

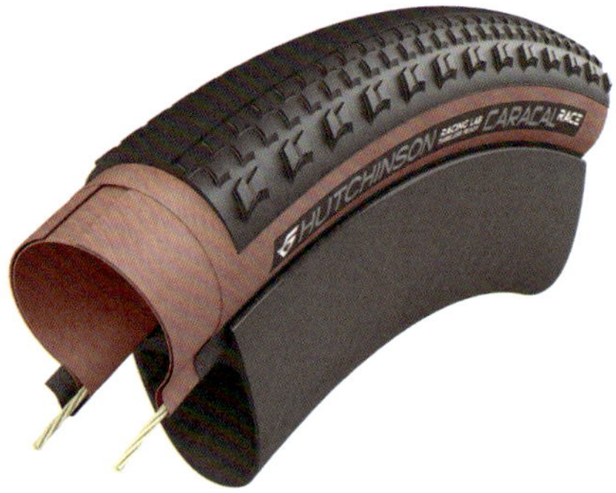

Un pneu performant est la combinaison de différentes couches.
© Hutchinson

Outre la prévention des crevaisons, car oui en tubeless on crève mais on ne sent rien grâce au liquide préventif, le montage en tubeless permet de rouler avec une pression plus basse ce qui augmente le confort, améliore l'adhérence en côte et en virage. Finalement, on va plus vite en tubeless grâce à la déformation du pneu qui absorbe les aspérités du terrain, évite au vélo de rebondir sans cesse et de perdre l'adhérence.

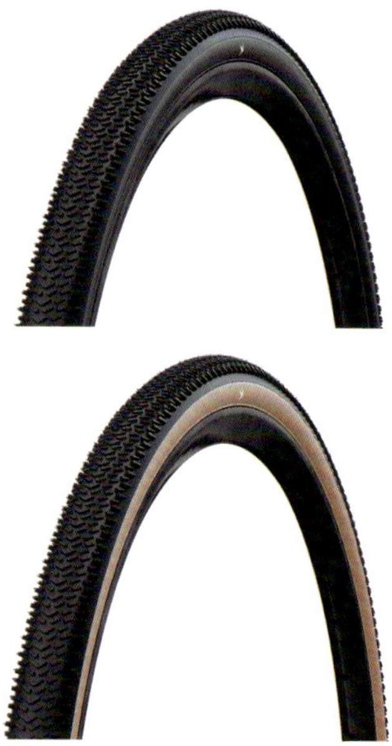

L'offre Gravel est maintenant vaste et permet de trouver une combinaison adaptée à sa pratique.
© Schwalbe

La tendance à l'élargissement des pneus permet de mieux filtrer les vibrations et finalement dépenser moins d'énergie. © Schwalbe

Un montage différencié avant/arrière, comme en VTT, permet de garder du rendement à l'arrière et du grip à l'avant. À condition d'avoir la bonne pression. © Schwalbe

> Passer un pneu en tubeless

Cette opération est souvent présentée comme compliquée et fastidieuse. Ces critiques viennent surtout des détracteurs de cette technologie, qui n'en comprennent pas les multiples avantages et n'aiment pas changer leurs petites habitudes.

En réalité, **passer en tubeless est très simple.** C'est un peu compliqué au début, il faut simplement faire preuve de méthode. Je vous explique tout dans cette **vidéo** :
https://youtu.be/XyvGh2oeCVw

Le liquide préventif, selon les marques, colmate les trous jusqu'à 6 mm. © MilKit

> Quel choix de pneus et quelle largeur ?

Le format le plus répandu est 29 pouces, soit 700c. Les formats 26 ou 27,5 pouces étaient assez répandus au début de la vague Gravel pour pouvoir glisser des pneus plus larges. Aujourd'hui, la norme en termes de largeur se situe autour de 47 mm, même si 50 mm sont encore mieux, et plus pour certains cas, en 700c. Le recours aux formats exotiques comme le 650b n'a donc plus vraiment d'intérêt, justement parce que les cadres « modernes » acceptent désormais des pneus de 47 mm.

Concernant le choix des pneus, on se dirige vers un élargissement des tailles qui amène plus de confort, de traction, de grip, une meilleure résistance aux crevaisons et donc plus de vitesse. Mais la conséquence est aussi une « zone grise » entre Gravel et VTT de plus en plus difficile à évaluer. Cela implique de longues journées à s'arracher les cheveux pour les services marketing des marques qui adorent compartimenter les pratiques pour rendre l'offre plus lisible et plus facile à vendre.

Mais la réalité du terrain est tout autre avec des pratiques variées et donc des montages « Frankenstein ».

Si le choix de la largeur des pneus est dépendant du cadre et sa « *clearance* » (comprenez la taille de pneus maximale acceptée par le cadre), nous avons désormais un large choix de pneus pour le Gravel allant du lisse au cramponné.

Pour s'assurer un rendement et un grip optimal, l'astuce est de différencier l'avant et l'arrière, c'est-à-dire en utilisant un pneu avec davantage de crampons à l'avant (pour l'adhérence en virage) et un pneu arrière avec plus de rendement. Bien entendu, cette option vole en éclat dans le cas d'un parcours extrêmement boueux, mais cela est plus rare. De même que sur un parcours sec et roulant, sans virages serrés.

Cependant, rouler en Gravel en France signifie rouler sur des terrains changeants, parfois aux limites du VTT. Je vous recommande donc un montage polyvalent entre 45 et 50 mm avec un profil différencié avant/arrière.

Pour vous aider dans votre choix, voici trois ratios de pratiques simples (à vous d'enrichir avec des nuances).

Terrain	**70 % route / 30 % chemins faciles**	**50 % route / 50 % chemins variés**	**70 % chemins variés / 30 % route**
Profil de pneu recommandé	Gravel rapide	Gravel polyvalent	Gravel off-road
Caractéristiques principales	- Section : 35-38 mm - Bande de roulement centrale lisse - Petits crampons diamants sur les côtés - Léger et sportif	- Section : 38-42 mm - Crampons répartis sur toute la bande de roulement - Crampons centraux moins profonds - Crampons latéraux plus prononcés	- Section : 42-47 mm ou plus selon les conditions météo et le terrain - Crampons larges et profonds - Motif proche des pneus de VTT XC - Meilleure adhérence sur terrains difficiles

Enfin, le choix de la pression change le comportement d'un pneu et il est facile d'anéantir les qualités d'un pneu en l'utilisant à la mauvaise pression (généralement surgonflé). Pour trouver la bonne pression, il existe des calculateurs en ligne et des applications (Chez Hutchinson, Silca ou Wolf Tooth par exemple). En règle générale, la bonne solution se situe entre 1,5 et 2 bars, selon le poids du pilote et du vélo. Bien entendu, on ajuste la pression entre fonction du terrain et surtout en fonction du chargement.

La choix de la selle est crucial et difficile. © Pro Stealth Off-Road

LA SELLE

Point de contact crucial entre nous et le vélo, la selle est source de questionnements pour nombre de cyclistes en raison des dommages causés à notre postérieur. J'aimerais écrire qu'il existe une selle adaptée pour chaque cycliste mais c'est faux. Il existe trop de paramètres à prendre en compte en plus de la selle elle-même (forme, largeur, longueur, budget...) : le cuissard et sa conception, la position, la technique de pédalage et les antécédents médicaux. Et puis, nous ne sommes pas tous égaux face aux douleurs !
Une étude posturale à l'achat de votre vélo ou peu de temps après, puis renouvelée régulièrement pourra résoudre de nombreux soucis.

LES PÉDALES

Troisième et dernier point de contact avec le vélo, les pédales se présentent sous trois formes : plates, automatiques ou mixtes.
Les pédales **plates** sont parfaites pour débuter sans se faire peur, le pied reste libre, surtout en cas d'urgence quand il faut poser pied à terre.
Les pédales **automatiques** permettent une meilleure transmission de l'effort mais demande un temps d'apprentissage pour enclencher et surtout désenclencher en cas d'urgence. Un stop, un feu rouge, un obstacle inattendu sur le chemin, il faut être capable de sortir le pied très vite. Si vous envisagez de passer en automatiques ou si vous débutez avec, prévoyez quelques séances de « prise en main » (il faudrait plutôt écrire de prise en pied), pour rendre le mouvement plus naturel et spontané.
Les pédales **mixtes** offrent le meilleur des deux mondes avec un côté libre à picots.
Les pédales **à capteur de puissance** sont une aubaine pour apprendre à gérer son effort et améliorer sa technique de pédalage. Il est facile de les passer d'un vélo à l'autre, contrairement à un pédalier à capteur de puissance. Leur prix est toutefois très élevé.

Démonter et monter ses pédales :
https://youtu.be/FPAIxi2rv0k

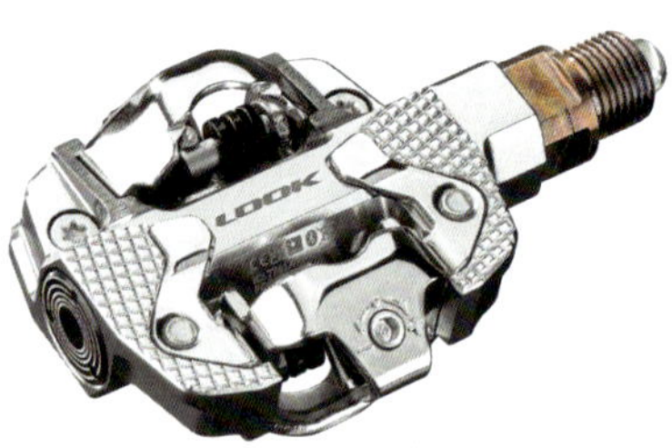

▲ **Pédale à capteur de puissance.** © Look

▲ ► **Vous êtes plutôt pédales plates, automatique ou mixte ?** © Shimano

> Bien débuter en pédales automatiques :

1. Réglages par un professionnel

Si possible, choisissez un modèle avec un réglage de la tension, cela facilite le chaussage et surtout le déchaussage. N'hésitez pas à demander de l'aide à votre vélociste pour le réglage. Assurez-vous qu'elles se décrochent facilement en tournant le talon vers l'extérieur.

2. Enclencher et désenclencher

À l'arrêt, en appui contre un mur ou avec les deux mains sur le guidon, vous pouvez expérimenter la phase d'enclenchement du pied sur la pédale. Faites glisser votre pied sur la pédale jusqu'à sentir la chaussure insérée à l'avant de la pédale, puis appuyer pour insérer l'arrière.

Pour désenclencher, faites pivoter le talon vers l'extérieur.

Si possible répétez ces mouvements à l'arrêt pour chaque pied puis lancez-vous en roulant.

3. Démarrage et arrêt

Pour démarrer, vous pouvez utiliser la technique « manivelle à 11 h » pour lancer votre vélo, puis enclenchez un pied puis l'autre.

Cependant, il n'y a aucune obligation à enclencher tout de suite, vous pouvez garder les chaussures posées sur les pédales pour lancer votre vélo.

Pour s'arrêter, désenclencher le pied faible en premier (souvent le pied gauche) quelques secondes avant l'arrêt, puis poser ce pied au sol, avant de désenclencher l'autre pied.

4. En situation technique

Dans une portion technique, n'hésitez pas à anticiper et désenclencher au moins un pied (gauche ou droit selon votre préférence), ou même les deux si besoin, mais en gardant le pied sur la pédale. Là aussi, n'hésitez pas à répéter ces mouvements au ralenti dans une zone sécurisée.

L'ÉCLAIRAGE

L'essence même du Gravel ou du bikepacking est d'allonger les distances, ce qui implique parfois de rouler la nuit. Partir tôt, finir tard, rouler une partie de la nuit, cela fait partie du jeu, encore faut-il être bien équipé. Pour l'éclairage, vous avez le choix entre deux systèmes : batterie ou dynamo.

Un éclairage à batterie coûte souvent moins cher, et procure une visibilité correcte à excellente selon les modèles. Batterie interne ou externe, le souci se situe davantage au niveau de l'autonomie, spécialement si l'on part plusieurs jours. On sera alors obligé de faire des pauses plus longues pour recharger les batteries.

Rouler la nuit est une expérience unique.
© Ernesto Pastor / Montañas Vacías

À l'inverse, un éclairage sur dynamo est un investissement mais qui vous rendra totalement autonome sur la partie éclairage et même la recharge des appareils électroniques (GPS, téléphone), avec toutefois quelques limites notamment sur les parcours très accidentés où la vitesse ne permet pas de recharger les appareils.

Une dynamo permet d'avoir toujours de la lumière. © DT Swiss

Pour bien choisir votre éclairage, voici cinq notions à comprendre :

- **Le lux**. Unité de mesure de l'éclairement lumineux, un lux est l'éclairement d'une surface qui reçoit, d'une manière uniformément répartie, un flux lumineux d'un lumen par mètre carré. 1 lux signifie qu'une surface de 1 m² est éclairée uniformément par 1 lumen.
- **Le lumen.** Indique la puissance lumineuse émise par une lampe. Plus il y a de lumens, plus la source lumineuse est visible. À ne pas confondre avec la puissance consommée, exprimée en watts.
- **Les watts**. C'est l'indicateur de puissance, ils indiquent la quantité d'énergie consommée.
- **La forme du faisceau.** Combinaison des lux et des lumens avec une touche de conception qui permet de différencier les éclairages, la forme du faisceau est un élément capital à prendre en compte. En ce sens, les éclairages route et tout-terrain diffèrent, il est donc essentiel de bien comprendre sa pratique pour faire le bon choix. Les modèles route ont un faisceau limité à l'horizon pour éviter l'éblouissement, tout en offrant une puissance d'éclairage élevée sur 20 mètres minimum. Les éclairages tout-terrain sont plus larges pour détecter les obstacles et émettent une puissance lumineuse plus élevée pour éclairer les côtés et les zones éloignées.
- **IP.** L'Indice de Protection indique le degré de résistance d'un appareil à l'eau et la poussière. Pour nos pratiques Gravel et Bikepacking, un indice minimal de 6 est fortement recommandé.

Les lampes les plus performantes réussissent à équilibrer puissance et précision, fournissant un éclairage intense sur la zone centrale tout en minimisant la dispersion de la lumière.

Éclairer à l'avant, c'est bien, mais être vu, c'est mieux. Il ne faut pas oublier d'être visible de l'arrière et choisir un modèle qui offre un clignotement puissant et une forte autonomie.

Pour compléter, une lampe frontale fixée sur le casque permet d'éclairer les côtés, spécialement dans les sections avec des virages serrés. La frontale permet aussi d'éclairer lors d'une réparation nocturne ou de l'installation du bivouac.
Autre complément indispensable : la batterie externe. Pour recharger un éclairage, un téléphone, un GPS ou n'importe quoi.
Pour une journée, une capacité de 10 000 mAh sera largement suffisante. Pour plusieurs jours, il faudra prévoir 20 000 mAh et même une batterie de secours de 10 000 mAh. Bien entendu, il faut prévoir les câbles qui vont avec et surtout, une prise murale, double ou triple USB, pour recharger lors d'un arrêt. Les modèles de chez NiteCore ou Anker ont très bonne réputation.

PROLONGATEURS

Quoi ? Des prolongateurs aéro en Gravel ? Eh oui, vous ne rêvez pas mais attention, on ne parle pas d'aérodynamisme mais de confort. Si vous souhaitez allonger la distance, la question du confort se posera forcément. Le recours aux prolongateurs permet de varier la position du corps et surtout de soulager les poignets et les mains pour éviter les compressions générant pertes de sensations ou fourmillements (voir texte Vanessa Costill p. 84).

De plus, la position est nettement plus relevée pour permettre de tenir longtemps dans cette posture. L'usage des prolongateurs simplifie également l'installation du GPS ou d'un éclairage sur le vélo, notamment en combinaison avec une sacoche de cintre. Parmi les modèles répandus, on retrouve les Profi le Design Ergo 35a, les Deda Parabolica en version Uno ou Due, ou encore les Zipp Vuka. Quel que soit le modèle choisi, n'oubliez pas les entretoises pour rehausser l'ensemble, généralement de 4 à 5 centimètres.

Les prolongateurs, amis indispensables pour la longue distance. © Supernova

LA POSITION SUR LE VÉLO

Après le choix du vélo et des équipements et avant de monter sur votre vélo neuf, il faut vous poser une ultime question : comment je règle mon vélo ?

Hauteur et recul de selle, hauteur et longueur de potence, inclinaison de la selle... autant de réglages pour se sentir bien et confortable sur un vélo. Mais également autant de possibilités de se blesser, de se sentir mal à l'aise après un certain temps passé sur la selle.

Pour résoudre cette question, procéder à une étude posturale est presque obligatoire. Cette étude, appelée également Bikefitting, permet d'adapter votre vélo à votre morphologie, en compensant d'éventuelles asymétries ou petites particularités.

N'oubliez pas que le Gravel est une activité hors route donc qui génère des micro-vibrations et secousses. Cela a un impact direct sur votre position qui sera certainement très différente d'une position route, plus agressive et aérodynamique.

N'hésitez donc pas à vous rapprocher d'un spécialiste de la posture en détaillant votre pratique et votre passé sportif.

Bien entendu, il existe des règles de bases de positionnement sur un vélo, comme la règle de la longueur d'entrejambe multipliée par 0,885 ou le réglage du recul de selle avec l'avant-bras.

Malheureusement, ces règles sont théoriques, datent un peu et étaient surtout conçues pour la route. Par conséquent, elles ne prennent pas en compte la spécificité du Gravel ou du bikepacking et se focalisent souvent plus sur la performance pure que sur le confort. Or, dans nos disciplines, la performance passe par le confort.

À vélo, le confort est synonyme de performance sur le long terme. © Schwalbe

1

2

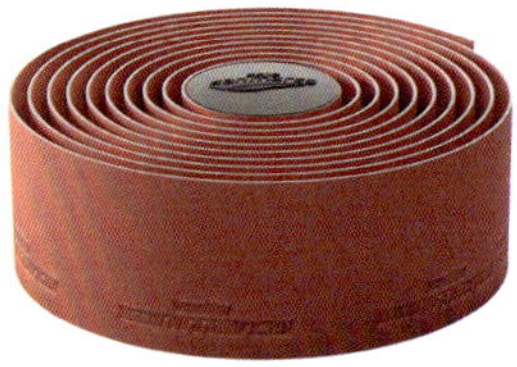

3

ADAPTER SON MATÉRIEL

Une fois que la position est correcte, il est aussi envisageable d'ajouter quelques accessoires pour réduire les vibrations, diminuer la crispation ou favoriser le relâchement des mains.

1. **Des gants longs en cas de chute et pour se protéger des épines.** © Giro Dnd / Elliot Layda **2.** **Un ruban de cintre épais pour filtrer les vibrations et améliorer la prise en main.** © San Marco **3.** **Un cintre ergonomique pour éviter les compressions du canal carpien.** © Pro Discover

> **Porter des gants.** Courts ou longs, peu importe (même si nous recommandons des gants longs en tout-terrain), mais il vous faudra choisir un modèle avec des pads absorbants au niveau de la paume.

> **Utiliser un ruban de cintre plus épais et conçu pour filtrer les vibrations.** Le diamètre et la forme du cintre aident à avoir une prise en main plus agréable et évitent aussi de trop serrer le cintre. Pour augmenter encore la filtration, vous pouvez insérer des pads Bike Ribbon sous le ruban de cintre.

> **Utiliser un cintre ergonomique avec un « flair »,** inclinaison des poignées de frein plus prononcée, ou encore avec le haut du cintre aplani pour pouvoir poser la paume de la main au lieu de serrer le cintre.

Réduire les vibrations et les crispations est un enjeu important. © Pro Dicover / George Marshall

Qui va loin ménage sa monture
(et peaufine son confort).
© Pivot Cycles / Colton Jacobs

• VOYAGER EN FAMILLE

Camille Boiardi-Franchi
Autrice du podcast *La Pampa à vélo* et coautrice (avec Jeanne Lepoix) de *À vélo en famille* (Éditions Tana)

© Violette Franchi

LA GENÈSE

Nice, Alpes Maritimes, juillet 2020.
Nous verrouillons la porte de la maison, direction Dijon, point de départ prévu de notre voyage à vélo. Nous n'avons pas beaucoup de certitudes au cœur, donc nous avons fait simple : un canal avec environ 30 mètres de dénivelé positif par jour, une trace ombragée par des platanes, chemin de halage oblige, un itinéraire sur lequel même un enfant de 8 ans ne parviendrait pas à se perdre, un set de vélos loués, des nuits réservées en hôtel... Bref, nous avons fait simple ! Simple pour nous, car c'est notre *premier* voyage à vélo, mais aussi simple pour Raphaëlle, 9 mois, dont c'est le premier voyage, tout court.

Ce voyage était un test. Était-ce possible de voyager en famille ? Allions-nous aimer ? Allait-*elle* aimer ? Était-ce un acte de fol égoïsme de notre part, ou au contraire une déclaration d'amour ?

Plancoët, Côtes-d'Armor, août 2022
Deux ans – et six voyages à vélo – ont passé depuis les premiers éclats de rire de Raphaëlle dans sa carriole bleue. La certitude était acquise bien sûr. Avec toute l'assurance de ses trois ans, Raphaëlle tient la petite main de Charlie, 3 mois, dorénavant assise à côté d'elle dans leur petite cabane tractée. Elle sait, elle, combien on la vit fort notre famille lorsqu'on roule ensemble, et bientôt « Charliechou » le saura aussi.

« VOUS N'AVEZ PAS PEUR À VÉLO AVEC LES ENFANTS ? »

Cette phrase, mon mari et moi l'avons tellement entendu sur les routes ! Le fameux « c'est super, mais... ».
Peur ? Oui ! Mais pas là, pas maintenant que nous avons pris la route.
En revanche, vont-elles réussir à dormir dans la tente ? La carriole ne va-t-elle pas trop secouer ? A-t-on assez d'affaires pour le froid ? Le chaud ? Pour manger ? Les routes seront-elles sûres ? Aurons-nous la condition physique de les tracter pendant 10 jours ?

Pour nous, apaiser nos peurs est venu en trois phases.
Tout d'abord, nous nous sommes renseignés le plus possible en amont pour mettre en place la meilleure organisation (la bonne tente, le bon duvet, le bon tracé, le bon hamac de carriole, etc.).

Nous nous sommes ensuite mis d'accord tous les deux sur le fait que ce serait TOUJOURS priorité à nous quatre, et ainsi qu'il nous faudrait être prêts à amender ou abandonner si l'un de nous en avait besoin. Par exemple, en Camargue, nous avions prévu une jolie boucle au cœur des paysages sauvages gardois. Je m'y voyais déjà : Raphaëlle, sur son petit vélo jaune, roulant à nos côtés pour la première fois, à la découverte des flamants roses et des chevaux sauvages.
Il m'a fallu déglutir ma frustration quand, au bout de deux kilomètres seulement, elle a décrété qu'elle était fatiguée et voulait être tractée. Au final, elle aura quasiment fait deux jours de follow-me. Eh oui, mes rêves de maman aventurière ont parfois la vie dure !
Enfin, l'arme ultime contre nos peurs, est de *mettre le premier coup de pédale.* Vous vous souvenez la sensation que vous avez eue lors de votre exposé sur le Stromboli en CM2 ? Il faut monter sur l'estrade, devant tout le monde et ça fait peur. Pourtant dans deux minutes, vous aurez lancé la machine et votre trac ne sera qu'un lointain souvenir. À vélo en famille, c'est pareil : on a peur avant, mais une fois lancés, c'est de l'histoire ancienne !

BESOIN DE RIEN (SAUF DOUDOU)

Sur notre premier voyage, nous avions pris presque deux sacoches pleines pour Raphaëlle. Entre la tonne de jouets pour la divertir, le lange comme-ci, la couverture comme-ça, les petits pots trucmuches « *parce que faudrait pas qu'elle n'aime pas ce que nous trouverons en* route »... En somme, nous étions la définition de ce que votre quotidien régional appellerait le *bon parent* !
Et au fil de nos voyages, nous avons appris à écrire et affiner notre propre définition du bon parent. Car être le parent que nous souhaitions être, c'était plutôt faire découvrir à nos filles le plus de saveurs possibles grâce aux régions traversées, être le plus souvent possible hors de la carriole afin de découvrir ensemble les paysages, la faune, la flore de chaque région (« oui, il y a beaucoup de maïs en Bretagne mon amour »), élargir son univers et stimuler sa créativité en la laissant créer ses propres jeux.
Mais être ce parent, c'était aussi profiter du chemin parcouru pour apprendre ensemble. Pour Raphaëlle, découvrir les nuances de couleurs grâce aux fleurs, savoir compter à la boulangerie, interagir de manière fluide avec les personnes rencontrées. Pour notre plus petite, comprendre le froid, le chaud, le vent, la pluie, découvrir de nouvelles odeurs, de nouveaux bruits, ...
Enfin, pour nous, apprendre à nous libérer de la cape de super parents qui tente souvent de nous écraser. Rouler à côté de nos enfants, les observer, les accompagner et en profiter. N'est-ce pas là le but de notre parentalité ?

JE TE PROMETS LE CIEL AU-DESSUS DE TA COUCHE

Depuis notre voyage de 2020, nous avons fait plus de dix voyages en famille aux quatre coins de la France. Nous avons réalisé une tonne de choses que nous n'aurions jamais pensé faire : dormir en bivouac, se barbouiller de mûres en bord de route, partir à onze familles sur les bords de la Nièvre, admirer les étoiles tous les soirs, monter le Ventoux en famille, aimer le chemin et se ficher de la destination.
En somme, le voyage à vélo avec ma famille est certes une chance de plus de clipser mes chaussures sur mon Gravel préféré, mais surtout un moyen naturel de repousser les limites que j'aurais pu me fixer en tant que maman et montrer à mes filles que tout est *vraiment* possible !

LA BASE DES BASES POUR NE PAS SE LOUPER EN FAMILLE

Une trace adaptée, avec un plan B (voire un plan C) et au moins deux stops « jeux » dans la journée.

Des protections (froid, chaud, pluie, moustiques, etc.).

Du matériel robuste et de quoi le réparer.

De la visibilité (gilets, lumière, fanions, etc.).

Des snacks et de l'eau.

Des bonbons.

De la patience.

Des bavoirs et un savon de Marseille.

Des pinces à linge et de la corde.

Un doudou, et c'est tout !

BIEN S'ÉQUIPER

La pratique du Gravel ne s'arrête pas au choix et l'achat d'un vélo. Il faut aussi s'équiper et savoir bien choisir en fonction de sa pratique et son budget. Du choix du cuissard, au GPS en passant par les outils à emporter et les vêtements de pluie ou les sacoches et comment les remplir, vous saurez tout ce qu'il y a à savoir !

Bien s'équiper, c'est la clé pour réussir son voyage. © Adipura

VÊTEMENTS ET ACCESSOIRES

Comme pour le choix du vélo, le choix des équipements est important et conditionne une partie de l'expérience vécue sur le vélo. Même si un joli paysage ou un lever de soleil participe à cela, on se souviendra aussi d'un mal aux fesses, d'avoir eu trop chaud ou trop froid. Bien choisir ses équipements est primordial, encore faut-il les utiliser correctement et en jouant sur leur complémentarité. Dans ce chapitre, nous allons explorer les différents vêtements et combinaisons de vêtements, pour profiter au maximum des quatre saisons du Gravel.

La poche cargo, très utile pour accéder facilement à son téléphone ou des barres énergétiques. © Matchy Altitude

CUISSARD

Selon le lieu, il peut être long ou court, ou en combinaison avec des jambières (intégrales ou pas), ou encore des genouillères. Comme pour la selle, il est presque impossible de déterminer quel cuissard est le plus adapté à votre morphologie, cela dépend aussi de la selle, de la position, du pédalage et même de l'état de santé en général. Il serait facile de dire que plus c'est cher, mieux c'est, mais ce n'est pas possible. Néanmoins, on peut affirmer qu'un bon cuissard adapté au Gravel doit être résistant pour supporter les petites chutes, les épines et plus généralement les conditions boueuses ou poussiéreuses. Selon les modèles, on trouve également des poches sur les côtés mais aussi dans le dos à la base des bretelles, bien pratiques pour stocker quelques nourritures ou des manchettes par exemple.

MAILLOT

Court ou long selon le lieu, avec des manchettes ou pas, un maillot adapté au Gravel n'a nul besoin d'être ultra près du corps, sauf pour les compétiteurs. En revanche, il devra être respirant et disposer de poches ouvertes mais aussi fermées par une fermeture pour y placer argent ou clés. Pour la respirabilité, la laine mérinos est imbattable.

L'alternative au maillot, un peu cliché certes, est la chemise à fleurs ou à carreaux, mais surtout le tee-shirt ! Inspiré du trail et du VTT, le tee-shirt offre une sensation de liberté sans égale. Le seul petit défaut est le manque de poches. Mais on peut facilement compenser avec une petite sacoche sur le vélo, nous verrons ces options un peu plus loin. Luxe total, on trouve des tee-shirts manches longues ou trois-quarts pour s'adapter à toutes les conditions.

ROULER DANS LE FROID GRÂCE AUX MULTICOUCHES

Le système multicouche est essentiel pour s'adapter rapidement aux changements de température et d'intensité d'effort. Il se compose généralement de trois couches principales :

1. PREMIÈRE COUCHE (COUCHE DE BASE) :

- Fonction : évacuer la transpiration et maintenir la peau au sec.
- Matériaux : synthétiques (polyester, polypropylène) ou naturels (laine mérinos).
- Exemples : sous-vêtements techniques, maillots de corps.

2. DEUXIÈME COUCHE (COUCHE ISOLANTE) :

- Fonction : conserver la chaleur corporelle.
- Matériaux : polaire, laine mérinos, synthétiques isolants (comme le Primaloft).
- Exemples : maillots à manches longues, vestes légères en polaire.

3. TROISIÈME COUCHE (COUCHE DE PROTECTION) :

- Fonction : protéger des éléments (vent, pluie, neige).
- Matériaux : membranes imperméables et respirantes (Gore-Tex, eVent, etc.).
- Exemples : vestes imperméables, coupe-vent.

CONSEILS POUR OPTIMISER LE SYSTÈME MULTICOUCHE :

– choisissez des vêtements qui se superposent facilement ;
– optez pour des pièces polyvalentes qui peuvent être utilisées dans différentes combinaisons ;
– privilégiez les vêtements compressibles pour un rangement facile dans les sacoches.

Indispensable veste... © Matchy Altitude

Pour l'hiver et les conditions changeantes. © Matchy Altitude

1

2

3

1. Un maillot respirant est un gage de confort.
2. La plupart des marques proposent des coupes spécifiques.
3. Le confort ultime du tee-shirt.

© Matchy Altitude

ROULER SOUS LA PLUIE

À vélo, nous avons plusieurs ennemis : le vent, le froid, la pluie et le mal aux fesses. Toutefois, l'adage célèbre nous rappelle qu'« il n'y a pas de mauvaises conditions, il n'y a que de mauvais équipements ». Pour le vent, les solutions n'existent pas (à part rester chez soi), mais pour le froid et la pluie, nous avons maintenant une offre composée de produits techniques et fonctionnels à différents tarifs. En revanche, des produits techniques impliquent un jargon parfois obscur pour le néophyte. Voici un panorama des solutions intéressantes pour aller rouler sous la pluie.

RESPIRABILITÉ ET IMPERMÉABILITÉ

Vous avez certainement fait l'expérience de la veste de pluie qui vous garde au sec (et encore…), mais totalement étouffante et dans laquelle on se retrouve trempé de sueur à la moindre côte. Prenons un instant pour comprendre les notions de respirabilité et imperméabilité.

• Imperméabilité

C'est la capacité d'un tissu ou d'un vêtement à résister à la pénétration de l'eau.

L'imperméabilisation est obtenue en associant une membrane au tissu ou grâce à une enduction sur celui-ci. La mesure se fait en plaçant le tissu sous une colonne et le résultat est déterminé par la hauteur d'eau à partir de laquelle l'eau passe à travers le tissu. Pour mesurer l'imperméabilité, on utilise l'unité Schmerber (du nom de Charles-Edouard Schmerber qui a défini cette unité et créé les outils pour la mesurer). 1 Schmerber correspond ainsi à une hauteur d'eau de 1 mm. Un vêtement qui a une valeur d'imperméabilité de 10 000 Schmerber résiste donc à une colonne d'eau de 10 000 mm avant de laisser passer l'eau soit 10 m d'eau ! Un vêtement est totalement imperméable à partir de 20 000 Schmerber, mais 10 000 est déjà un bon indice d'imperméabilité et vous assure de rester au sec.

• Respirabilité

La respirabilité est la capacité d'un tissu ou d'un vêtement à évacuer la vapeur, évitant ainsi la condensation et cette désagréable impression de « baigner dans son jus ». Un vêtement respirant permet donc de rester au sec (jusqu'à une certaine température extérieure). Cette respirabilité est même une expérience étonnante à vivre car on ne ressent pas le froid ou la sensation de chaleur après un effort, juste une sensation que le vêtement respire. C'est aussi déroutant au début qu'appréciable sur le long terme.

Il existe deux façons de mesurer cette respirabilité :

– La mesure MVTR (taux de transmission de la vapeur d'eau) calcule la quantité en grammes de vapeur d'eau que le tissu laisse échapper en 24 heures par mètre carré (g/m²/24 h). Un indice de 5 000 MVTR correspond à un vêtement peu respirant, tandis que 10 000 est respirant, 20 000 très bon et 30 000 excellent. Cet indice est surtout utilisé par les marques françaises.

– L'indice RET (resistance evaporative transfert) mesure également la quantité de vapeur d'eau évacuée par un vêtement, mais est plutôt utilisé par les marques américaines comme Gore® Wear. Ainsi, un RET de 20 indique un vêtement non respirant, une valeur entre 6 et 12 une bonne respirabilité, et inférieure à 6 un vêtement très respirant.

La pluie, cet ennemi bien visible. © DR

Le vélo, c'est surtout rouler entres potes, par tous les temps ! © Vaude / Christoph Laue

VESTE

Pour rouler en hiver, une veste chaude est obligatoire pour ne pas avoir à empiler les couches. La tendance du Gravel a permis de désacraliser les vêtements de vélo en les rendant plus discrets. Ainsi, on trouve de nombreux modèles à la fois techniques et confortables qui permettent d'être portés hors vélo (avant ou après), sans être identifiés immédiatement comme cycliste.

Pour les conditions rudes, il faut parfois passer sur des équipements de montagne. © Black Diamond

VESTE DE PLUIE

Indispensable pour se protéger du vent et de la pluie, elle se roule vite fait dans un sac à dos ou une sacoche. Selon le budget, on trouve des vestes plus ou moins imperméables, respirantes ou légères. Pour une pratique bikepacking, voyage ou ultra, on ajoute très souvent un pantalon de pluie, indispensable quand les conditions deviennent épouvantables. À mi-chemin entre le maillot et la veste de pluie, le gilet est aussi un accessoire intéressant pour les débuts ou fins de sortie un peu frais ainsi que dans les descentes de cols.

SOCQUETTES

Une bonne socquette de vélo doit être fine, résistante et pourquoi pas, un peu chaude. Là encore, la laine mérinos s'impose en championne toute catégorie.

La hauteur n'a pas vraiment d'importance et vous êtes libres de préférer des socquettes qui remontent haut sur le mollet ou pas. Élément de style incontournable, on en trouve une multitude de modèles à la fois techniques et fantaisistes. Pour la pluie, il existe également des socquettes étanches qui semblent efficaces.

GANTS

Autre accessoire indispensable pour se protéger les mains des épines, ronces, orties qui jalonnent parfois les chemins, les gants sont aussi une protection efficace en cas de chute. Ils n'empêchent pas une fracture, en revanche ils évitent de se faire une mauvaise plaie.

Comme en VTT, les gants longs sont à privilégier justement pour la protection des mains. Seule différence, on cherche plutôt des gants avec un renfort au niveau de la paume de la main pour éviter les compressions et les fourmillements.

MANCHETTES ET JAMBIÈRES

Éléments capitaux de la garde-robe cyclistes, au même titre qu'un gilet, ces accessoires permettent de moduler la tenue en fonction des conditions météo et leur évolution dans une journée. Partir en maillot long ou cuissard long, c'est bien mais parfois, on se retrouve à avoir trop chaud. Si les conditions s'y prêtent, les manchettes et jambières s'enlèvent rapidement et facilement. De plus, il existe des modèles résistants aux UV, idéaux pour rouler par fortes chaleurs en évitant la surchauffe et surtout les coups de soleil.

CASQUE

L'offre en casques est pléthorique, à tous les niveaux. Quel que soit votre budget, privilégiez la légèreté, le confort et la ventilation. L'idéal est de pouvoir tester en magasin. Gardez un œil sur le système d'attache du casque, le plus simple est le mieux, on en reparle en hiver quand vous aurez les doigts gelés et qu'il faudra retirer votre casque.

Si vous prévoyez de rouler de nuit, vérifiez que le montage d'une lampe frontale sera aisé sur votre casque (sinon, vous serez obligé de porter la frontale sur l'avant du casque, ce qui entraîne des douleurs cervicales).
Le port du casque n'est pas obligatoire (sauf pour les enfants de moins de 12 ans), mais est tout de même vivement recommandé.

LUNETTES

Une protection incontournable pour le soleil, mais aussi les projections, la poussière et les insectes. Verres interchangeables ou photochromiques, l'offre est vaste, et, comme toujours, le poids et le confort sont la priorité. Une bonne paire de lunettes doit être agréable à porter et sait se faire oublier, même après plusieurs heures de vélo. Le champ de vision doit être le plus large possible, spécialement en tout-terrain.
Pour les porteurs de lunettes de vue, le sujet est délicat mais l'offre en lunettes de sport adaptées à la vue est plus large désormais. En France, nous sommes bien lotis avec des marques comme Enihcam, Metaoptics, Demetz ou encore Julbo. Il existe bien entendu les mastodontes comme Oakley, mais dont l'offre est limitée en correction optique (autant sur les modèles que sur les types de correction).

Quand les conditions deviennent difficiles, les bons équipements se font oublier. © Lapierre / Charlotte Lindet

La clé, c'est de savoir s'adapter aux variations de température. © Lapierre / Charlotte Lindet

TOUR DE COU

INDISPENSABLE ! Quelle que soit la température, le tour de cou protège… le cou, du froid, des projections mais aussi du soleil (dans ce cas, on peut se diriger vers un modèle anti UV). Autour du cou ou remonté sur le visage pour couvrir le nez et les oreilles, le tour de cou est un formidable allié, d'autant plus lorsque l'on part plusieurs heures avec des variations de températures.

Le tour de cou est un indispensable, même quand il fait chaud. © Lapierre / Charlotte Lindet

LES CHAUSSURES

Exactement comme pour les pédales, deux écoles s'affrontent ou plutôt cohabitent avec divers degrés de nuances.

> **Les chaussures pour pédales plates**. Pratiques, elles permettent de marcher comme si de rien n'était et offrent une très grande liberté de mouvements, les pieds n'étant pas fixés aux pédales. Elles sont recommandées lorsqu'on souffre de pathologies du membre inférieur. La semelle offre un grip minimal pour accrocher les picots des pédales, mais cela n'égale pas l'efficacité des chaussures avec fixation pour pédales automatiques.

> **Les chaussures pour pédales automatiques.** Elles permettent de rouler avec les pieds fixés aux pédales, offrant ainsi un meilleur transfert de l'énergie du cycliste vers la pédale. Souples, ultra-rigides ou entre les deux, on mesure le degré de rigidité des semelles par ordre croissant de 0 à 9. Un modèle ultra-rigide avec un indice de 9 sera parfait pour la compétition mais relativement difficile à supporter sur

plusieurs jours de bikepacking en raison du manque de mouvement des orteils. De plus, il n'est pas rare de devoir pousser un peu son vélo ou marcher. Un modèle légèrement plus souple sera alors nettement plus apprécié. La perte de rigidité instantanée sera compensée par un plus grand confort, plus bénéfique à long terme. Dans le cas des poussages et moments de marche, une attention sera portée sur la semelle et sa texture. Même si cela reste difficile à anticiper en magasin, il est bon de tester l'adhérence de la semelle pour éviter les mauvaises surprises.

En hiver, des chaussures étanches facilitent les sorties. © Fizik

Quatre critères pour bien choisir :

– Le talon doit être correctement positionné, sans la sensation que l'on va perdre sa chaussure en marchant ou en poussant. La semelle sous le talon doit être suffisamment large pour marcher sereinement, sans perte de stabilité.

– De la place pour les orteils. En Gravel, le corps entier bouge sur le vélo, y compris les pieds dans les chaussures. Il est donc capital d'avoir de la place pour les orteils, dans le sens de la hauteur. Cela vous évitera des ampoules, mais aussi de détruire vos socquettes.

– Le Gravel, c'est salissant. Optez pour des chaussures avec un revêtement facile à laver. Pour l'hiver, des chaussures montantes et isolantes garderont vos pieds au chaud et au sec plus efficacement. Les sur-chaussures, largement utilisées sur la route, ne rentrent pas sur les chaussures Gravel, à cause des crampons. En revanche, l'offre de chaussures d'hiver adaptée au Gravel est correcte et permet de rouler à peu près au sec.

– Si vous choisissez un modèle à lacets, vérifiez que vous pouvez fixer les lacets au moyen d'un petit élastique par exemple.

▲ **Une chaussure Gravel permet de marcher ou pousser confortablement dans les cailloux.** © Jojo Harper

◄ **L'offre Gravel est vaste et se différencie des modèles VTT.** © dmt

SACOCHES

On transporte parfois nos peurs et nos passions.
© Tuscany Trail / Matteo Dunchi

Contrairement au cyclisme sur route ou au VTT, l'usage des sacoches est largement répandu en Gravel et en bikepacking. Et pour cause, nous avons besoin d'emporter des outils, des vêtements, de la nourriture, voire le nécessaire de bivouac.
Voici l'essentiel à comprendre pour acquérir des sacoches et partir à l'aventure.

SACOCHE DE CADRE

Permet de stocker les essentiels : nourriture, quelques outils, batterie externe. Sa grande capacité de stockage en fait une alliée de choix pour les longues journées ou sur plusieurs jours. La fixation se fait le plus souvent par velcro autour du tube supérieur et sangles autour du tube diagonal. Concernant les velcros, attention à ajuster la longueur pour éviter de se déchirer les genoux. Les attentes autour d'une bonne sacoche sont essentiellement l'étanchéité et la robustesse. Dans certains cas, on trouve une micro-ouverture à l'avant pour laisser passer un câble d'alimentation (d'une batterie externe vers le GPS par exemple). Plus rare mais possible, l'ajout d'une poche à eau dans cette sacoche en faisant sortir un tuyau par l'avant de la sacoche.
Veillez à ne pas trop charger cette sacoche, vous éviterez ainsi le frottement sur les genoux.
Le principal défaut de cette sacoche est qu'elle empêche l'usage de deux grands bidons (selon la taille du cadre), à moins de recourir à des abaisseurs de porte-bidons.

Attention au poids quand on remplit les sacoches. © Rondo

La sacoche top tube offre un accès rapide. © Sam Taylor

SACOCHE TOP TUBE

Cette sacoche, située sur le tube supérieur, offre un accès rapide à un téléphone, barres énergétiques, batterie externe ou autre.
À la différence de la sacoche de cadre, elle peut se fixer directement sur le cadre à l'aide de vis, ce qui rend l'ensemble plus stable. Dans certains cas, il est possible d'inverser le sens de montage et de la fixer au niveau du tube de selle pour augmenter le stockage rapidement accessible.
Là aussi, on peut retrouver une ouverture pour laisser passer un câble d'alimentation.

SACOCHE DE SELLE

Pour stocker des vêtements de rechange, vêtements de pluie, un peu d'outillage ou quelques affaires de bivouac, la sacoche de selle est un indispensable de la panoplie. Le choix est vaste et pas forcément simple. Tout dépend évidemment de votre pratique, actuelle et future. De 5 à 18 litres de capacité, vous devrez faire votre choix en tenant compte du poids et de l'étanchéité. La fixation au vélo varie grandement d'une sacoche à une autre et c'est pourtant un point capital. Rien n'est plus énervant que de sentir un truc ballotter derrière soi en roulant.
Astuce de chargement, essayez de placer les affaires en favorisant l'accessibilité. Par exemple, évitez de placer une veste chaude ou des gants longs au fond de la sacoche.

Le porte-bagage fait un retour remarqué dans le bikepacking. © Tailfin

Ne jamais négliger le réconfort et l'après-vélo. © Zéfal

La sacoche de cintre permet surtout de transporter les affaires pour la nuit. © Rondo.

Même si le tarif peut sembler élevé pour certaines marques, mieux vaut investir dès le début dans du matériel de qualité plutôt que d'acheter deux fois. Les marques références sont Apidura, Restrap, Tailfin, Revelate Design, connues pour leur implication de longue date dans le bikepacking. Elles vous assurent solidité et fiabilité en toutes circonstances.

Il est aussi possible de passer par un artisan pour se faire confectionner des sacoches custom. Notre favori ? Ena Bags, sans hésiter !

Autre option, la location de sacoches est une option pour découvrir le bikepacking ou pour partir une à deux fois par an.

L'alternative intéressante pour éviter le ballottage et optimiser le chargement est le porte-bagages. Plusieurs options sont possibles selon le budget, chez Ortlieb, Old Mountain Man et évidemment Tailfin.

SACOCHE DE CINTRE

Les réflexions autour de la sacoche de selle fonctionnent également pour la sacoche de cintre. La seule différence est ce que l'on va mettre dans cette sacoche, très souvent les affaires de bivouac. La raison est à la fois pour éviter de surcharger l'avant du vélo mais aussi parce que cette sacoche n'est pas très pratique à charger et décharger. On la garde donc pour un moment précis de la journée et on veille à placer les accessoires stratégiques à portée de main (veste de pluie dans le sac à dos ou la sacoche de selle par exemple).

BIDON OU SACOCHE DOWNTUBE

Parfait pour la trousse à outils, le bidon ou sacoche downtube permet de gagner un peu d'espace sur les autres sacoches et de garder les outils à portée de main. Seul souci, en cas de terrain boueux, cet accessoire sera plutôt sale !

FOOD POUCH

À fixer sur le cintre pour stocker une bouteille, un bidon ou simplement mettre des bonbons.

Attention à ne pas trop charger l'avant du vélo. © Specialized

SACOCHE DE PROLONGATEUR

Si vous visez les longues distances, vous utiliserez certainement des prolongateurs. Le recours à une sacoche à fixer sous les prolongateurs n'est pas une mauvaise idée. Toutefois, les modèles disponibles ne sont pas forcément super ergonomiques et ne permettent pas d'accéder au contenu en roulant.

SUR LA FOURCHE

La plupart des Gravel embarquent désormais des fixations sur les fourreaux de la fourche, même si leur utilisation est de plus en plus rare. Cependant, ils permettent de stocker le matériel de bivouac ou d'augmenter la capacité en eau pour traverser de longues sections sans possibilité de ravitaillement.

SAC À DOS

Souvent décrié car pas confortable, étouffant par forte chaleur, le sac à dos est pourtant un allié de choix des cyclistes longue distance. Bien entendu, on préférera un sac à dos adapté à nos pratiques, donc léger avec des poches frontales et une poche à eau. Il se trouve que les sacs de trail sont très adaptés à nos pratiques Gravel et bikepacking en raison de leur poids léger et de la souplesse des matériaux employés.
Pourquoi un sac à dos ? Pour accroître la capacité d'hydratation, spécialement en tout-terrain quand les fontaines, cimetières et bars viennent à manquer. C'est également une option très intéressante pour stocker de la nourriture en vue d'un bivouac ou lors d'épreuves bikepacking dans une zone reculée. Certaines épreuves proposent souvent de longues portions ardues dans des zones isolées, il faut donc prévoir de passer plusieurs heures sans croiser une boulangerie.
Certains modèles disposent d'une capacité importante, de l'ordre de 8 à 15 l, comme les modèles Backcountry de Apidura ou DIstance 15 de Black Diamond.

Le choix du sac à dos est important pour les longs voyages. © Black Diamond

Repousser les limites de l'exploration à vélo. © Adipura

CHARGER SON VÉLO

Partir en bikepacking n'est pas une mince affaire, surtout quand il faut emballer les affaires et tout faire rentrer dans les sacoches. Si le contenu est une affaire personnelle, il existe quand même de grandes règles pour vous éviter quelques désagréments. Pour vous fournir des infos de première main, nous avons demandé quelques astuces au boss du bikepacking : Sofiane Sehili (trois fois vainqueur de la Silk Road Mountain Race, Tour Divide, Atlas Mountain race, etc.)

S'ARRÊTER LE MOINS POSSIBLE

Toute la partie électronique (batterie externe, câbles, batteries, etc.) va dans la petite sacoche top tube. De cette façon, j'y ai accès en roulant, sans avoir besoin de m'arrêter. Selon les épreuves, je prends (ou pas) un moyeu dynamo, mais qui ne sert qu'à éclairer, jamais à recharger. Ceci pour deux raisons, la recharge ne fonctionne pas bien sur des épreuves off-road (trop souvent en dessous de la vitesse mini de recharge) et cela ajoute des éléments fragiles. Sur ces courses, on n'a pas besoin de ça. Cela rend donc le *powerbank* indispensable et d'accès rapide pour recharger téléphone ou GPS.

Dans la sacoche de cadre je vais stocker la nourriture pour y avoir accès immédiatement. En général, j'emporte de quoi tenir 24 heures, voire plus. En début d'épreuve, je prends également un petit sac en toile léger contenant sandwich, barres chocolatées, bonbons, etc. que je remballe ou que j'utilise selon les besoins du moment. J'évite les aliments qui ne supportent pas la compression (chips, biscuits).

Dans cette sacoche de cadre, sont aussi rangés les outils les plus importants : pompe et multi-outils. C'est parfois un peu le foutoir, surtout après quelques jours, mais j'essaye de garder les trucs les plus utiles et fréquemment utilisés à portée de main.

Petite astuce, j'emporte maintenant une pochette dédiée pour mon passeport, ainsi que deux moyens de paiements, dont une carte bancaire dans le maillot.

LA BONNE ÉTOILE

Dans la sacoche de selle, je vais commencer par mettre les chambres à air. Elles se positionnent bien au fond et comblent l'espace resserré, et me laissent espérer que je ne devrais les sortir qu'en dernier recours, en cas de gros pépin avec le tubeless. La réflexion est la même avec les pièces de rechange (maillons, valves, patte de dérailleur, etc.) et les outils, je croise les doigts pour ne pas en avoir besoin. Je n'aime pas trop le bidon sous le cadre pour les outils, je préfère une pochette transparente, je vois ce dont j'ai besoin sans besoin de tout sortir, avec le risque de perdre un truc. J'utilise plutôt cet emplacement pour placer de l'eau, surtout si je prends une sacoche intégrale, que j'utilise pour les épreuves vraiment longues. Certes, j'emporte une poche à eau, mais c'est moins rapide à remplir qu'un bidon. Il faut sortir la poche, c'est parfois compliqué avec le risque de s'en mettre partout.

Dans cette sacoche, je mets ce qui va me servir avec le moins de probabilité mais qui se compacte bien. Par exemple, de grosses chaussettes sur la Silk Road Mountain Race, ou un gilet doudoune sur Bright Midnight. Je termine avec ce dont j'ai besoin immédiatement, une veste de pluie ou une doudoune, gants, jambières. Tout cela varie en fonction des épreuves et de la météo. Bien entendu, ça, c'est avant la course. Pendant, c'est plus difficile de maintenir l'organisation mais c'est souhaitable.

La victoire de Sofiane Sehili sur le Tour Divide en 2022. © Sofiane Sehili

Je peux aussi ajouter des trucs qui ne rentrent plus dans la sacoche de cadre, par exemple des paquets de bonbons si je sais que je ne pourrai pas en acheter plus tard. En plus, ça supporte bien la compression, pas comme les chips !

LE BIVOUAC

À part le bivy (SOL Escape) que je ne m'emmène pas toujours, mais qui irait dans la sacoche de selle, les affaires de bivouac vont à l'avant. En configuration Silk Road ou Highland Trail, je place le matelas et sac de couchage mais aussi, ce que j'appelle de la nourriture de secours, des sachets de purée en poudre. Ça m'amène 300 calories par sachet en cas de coup dur. J'essaye d'en garder trois. Je peux ne pas les utiliser, mais ça ne pèse rien et ça peut sauver un moment difficile.

Au guidon, je prends des *food pouch* pour mettre de la nourriture ou des emballages vides. Pour l'anecdote, j'ai mis un GPS de secours dans une *food pouch* lors de l'Italy Divide et il a beaucoup plu… l'eau a stagné au fond, le GPS n'a pas survécu.

Pour résumer : ce qui va être utilisé pendant la journée doit être accessible sans descendre de vélo. Ce qui doit être utilisé en fin de journée ou de nuit doit être accessible le plus vite possible. Les emplacements difficiles d'accès type sacoche de guidon sont à réserver pour les moments où l'on prend plus de temps, comme le bivouac.

Texte : Sofiane Sehili

• LE VOYAGE À VÉLO, ÉCOLE DE LA VIE

© Antoine Bussier

Nathalie Baillon
Cycliste française longue distance
Nombreuses victoires féminines et dans les tops 10 au classement général en courses d'ultra internationales.
Recordwomen de la traversée de l'Europe à vélo de Tarifa au cap Nord.
Instagram : @nathalie_baillon

« Tu n'as pas peur de partir seule ? » est sans doute la question que l'on me pose le plus souvent.
Déjà adolescente, alors que je rêvais de grands espaces et d'aventures, mon père me mettait en garde : « Tu n'as pas un ami avec qui partir ? ». Ma peur est venue de la projection des autres. C'est dangereux pour une femme seule. S'ils avaient peur pour moi, c'est qu'il y avait des raisons d'en avoir, non ? Cela a constitué un frein pendant un certain temps mais l'attrait de l'ailleurs était trop fort. J'ai commencé par des voyages à pied car ça me semblait plus simple logistiquement.
Je n'ai osé me lancer sur mon premier périple à vélo qu'en 2018 avec mon copain de l'époque. Nous avons acheté nos vélos et nos sacoches sur place et nous sommes partis. Je me suis rendu compte que ce n'était pas aussi compliqué que je l'imaginais. On se fait toujours beaucoup de nœuds au cerveau quand on est novice. Si je ne me sentais pas plus protégée de voyager avec une autre personne, cela m'a tout de même donné le courage de me lancer. Et grâce à cette expérience acquise, je suis partie souvent, dans des destinations proches et plus lointaines, la plupart du temps seule. Au lieu d'une longue pérégrination de six mois, comme lors de mon voyage initiatique, je pars maintenant moins longtemps mais plus fréquemment.
J'ai aussi découvert les courses de bikepacking l'année suivante. Sur ces épreuves, certes on fait la course, mais on voyage aussi à la rencontre de nos capacités insoupçonnées. Pour ma première épreuve, je m'inscris directement sur la Race Across France de 2 500 km que je termine tant bien que mal, après de nombreuses péripéties, des maux d'estomac et une douleur de selle atroce. Nous ne sommes qu'une dizaine sur la ligne d'arrivée mais malgré tout, après cette première expérience douloureuse, je ne suis pas certaine de réitérer, pas certaine d'être faite pour ça. Mais le temps estompe les mauvais souvenirs et je m'inscris à d'autres courses. Sur ma deuxième épreuve, la Bikingman Corsica, je termine première femme et quatrième au classement général. J'enchaîne ensuite les victoires

féminines et les tops 10 au classement général, prenant conscience ainsi que je suis capable de réaliser de belles performances.

Si les hommes et les femmes n'ont pas la même physiologie, la seule force physique ne suffit pas. La dimension mentale est tout aussi importante dans la préparation de l'épreuve. Il faut certes rouler mais il faut aussi bien comprendre la pratique de la longue distance ou de l'ultra, dont l'accumulation de kilomètres ne suffit pas, il faut aussi leur donner un sens, une signification. Il faut préparer sa stratégie, planifier sa course, optimiser son matériel, gérer les imprévus. Chaque épreuve est un apprentissage. On se bat davantage contre soi et les éléments que contre les autres participants. J'aime le sentiment d'accomplissement que ces courses me procurent, elles me révèlent à moi-même, me font prendre confiance en mes capacités et accroissent à chaque fois un peu plus mes compétences.

Je n'ai pas abandonné le voyage contemplatif pour autant, je trouve même que le mélange des deux mondes est une excellente chose, chacune m'apportant des satisfactions différentes et se nourrissant l'une de l'autre. Le bikepacking est selon moi le meilleur des entraînements pour un ultra car l'ultra n'est rien d'autre que du bikepacking avec une recherche de performance et d'optimisation à son maximum.

Partir seule développe la confiance en soi mais nous apprend aussi à faire confiance aux autres. Même si nous avons parfois l'impression de vivre dans un monde hostile, je me suis rendu compte, grâce au cyclotourisme, qu'il existait encore beaucoup d'humains bienveillants. Le voyage à vélo suscite immédiatement la curiosité et la sympathie, puis amène à la discussion. C'est ainsi que je me suis retrouvée invitée à manger et dormir chez l'habitant dans divers pays. Je ne dirai pas qu'il y a zéro danger et qu'il faut faire confiance à n'importe qui, mais généralement les populations sont bien plus bienveillantes qu'on nous le laisse penser.

Après une quinzaine d'années de pratique sur route, j'ai eu envie d'explorer de nouveaux lieux et de nouvelles pratiques. Avec le Gravel, j'ai pu tester de nouveaux sentiers, gravir de nouveaux cols et apprendre à naviguer dans des terrains techniques. J'ai également gagné en autonomie car il faut davantage gérer ses ravitaillements en eau et en nourriture, trouver un lieu de bivouac sécurisé et parfois dévier de sa trajectoire si le chemin initial n'est pas praticable. Le Gravel me permet d'explorer sans limite, d'aller plus loin, plus haut, de prendre des chemins moins explorés, plus isolés, encore plus à l'écart du fracas du monde, pour être au plus proche de la nature.

Et finalement, un peu plus proche de ma nature profonde. Le vélo, c'est aussi un prétexte pour se découvrir, une métaphore de la vie, entre choisir la route toute tracée, plus rapide, conventionnelle mais moins excitante et le chemin, plus long et tortueux, mais qui réserve de belles aventures et de nombreuses surprises. En cela, le Gravel est pour moi le vélo de voyage ultime.

En m'extrayant du trafic et des dangers de la route, il m'a aussi appris à prendre mon temps, à souffler, à contempler davantage mon environnement. Alors que j'étais focalisée sur les données de mon compteur sur route et que je cherchais à toujours m'améliorer, cela avait moins de sens dans ma pratique du Gravel où je me retrouvais parfois à pousser un vélo chargé de sacoches sur plusieurs kilomètres. Je préférais trouver le meilleur angle pour un cliché qui mettrait en avant les paysages spectaculaires que je traversais. Ma pratique est donc multiple et je déplore les guerres de pratique entre le cyclotouriste et le coureur d'ultra, le vététiste et le routard, l'important n'est-il pas simplement de se faire plaisir dans le respect de l'autre ? À la fin, nous aimons tous le vélo, quelle que soit sa forme.

Finalement, le plus surprenant pour moi est qu'un outil aussi simple que le vélo m'a apporté la liberté, par de nombreux aspects. Même certains que je n'imaginais pas, telle la liberté professionnelle. Grâce au vélo, j'ai quitté un travail de bureau pour vivre de ma passion. Cet effet secondaire inattendu m'a offert bien plus que le bonheur de voir défiler le paysage à la force de mes jambes ; comme beaucoup de femmes avant moi, il m'a émancipée. Le voyage à vélo, c'est l'école de la vie. Alors, montez des sacoches sur votre vélo et partez à l'aventure, sans doute surmonterez-vous de nombreux obstacles sur la route mais vous ne le regretterez pas et en sortirez grandi !

LES BONS OUTILS

Les vélos intègrent souvent une trappe pour les outils. © Sergio Villaba

Contrairement à la route où il est possible de partir avec un minimum d'outils, la pratique du Gravel ou du bikepacking impose un matériel de réparation plus conséquent, au risque de devoir rentrer à pied.
À la maison ou à vélo, voici une liste non exhaustive des outils utiles.

À VÉLO

Même pour une sortie à la journée ou pour trois heures, prenez ces quelques outils. Ils vous éviteront de devoir appeler à l'aide, rentrer à pied ou en train. Dernière précaution pour les adeptes du tubeless, vérifiez le niveau de liquide régulièrement, surtout si vous oubliez de prendre des mèches. À ce propos, prévoyez différentes tailles (ce pincement sur le flanc du pneu...) ! Idéalement, ces outils peuvent trouver leur place dans un bidon outils à placer en deuxième bidon, au-dessus du boîtier de pédalier, ou dans une sacoche.

> Multi-outil (*multitool*)

Assortiment de clés BTR, Torx, tournevis et même démonte maillon rapide, décapsuleur et dérive-chaîne, cet outil multifonction mérite bien son nom. Il permet de se sortir de la plupart des situations. La fonction dérive chaîne et maillon rapide peut être remplie par un autre outil dédié à ces tâches, pourvu qu'il soit léger et compact.

Indispensable *multitool* !

> Pompe

Même en pneus tubeless, nous ne sommes jamais à l'abri d'une perte de pression ou d'une fuite de liquide pendant une sortie. Il faut donc sortir une pompe et remettre un petit coup. En chambre à air, c'est encore plus nécessaire. En complément, une cartouche de CO_2 peut fonctionner.

> Outil à mèches et mèches (de différentes tailles)

Un kit de mèches et son outil permettent de réparer une crevaison tubeless. Selon l'endroit où le pneu est perforé, pensez à prendre des mèches de différentes tailles, sachant que le choix du liquide préventif ne rebouche pas trop au-delà de 4 mm (sauf certains produits comme Silca par exemple, difficile à utiliser). Voir page ci-contre encadré « Réparer une crevaison ».

> Une chambre à air

Indispensable si vos pneus sont équipés ainsi. Par mesure de sécurité, emportez-en deux. Même en tubeless, nous pouvons être amenés à placer une chambre à air en cas de grosse déchirure du pneu. Dans ce cas, une chambre à air de secours s'impose, de même

RÉPARER UNE CREVAISON

Si vous êtes en chambre à air, il suffit de changer de chambre. Opération parfois fastidieuse, surtout dans la boue et par temps froid.

En tubeless, il peut arriver que le liquide préventif ne fonctionne pas (trou trop gros, coupure par exemple). Dans le cas d'un trou, on utilise des mèches, comme pour les pneus de voitures, que l'on va insérer dans le pneu. Je vous explique cette manipulation ici : https://youtu.be/Nqn2G39K3M4

Dans le cas (rarissime) d'une grosse coupure ou déchirure, on place une chambre à air de secours en veillant à protéger le flanc du pneu avec un patch de protection ou un morceau de radiographie découpé (aux dimensions environ de 8x4 cm).

que des patchs pour boucher la déchirure (voir encadré ci-dessus « Réparer une crevaison »). Prévoyez aussi un kit de rustines, ça ne pèse rien, on ne l'utilise presque jamais jusqu'au jour où...

> Jeu de démonte-pneu

Utile si vous devez placer ou remplacer une chambre. Privilégiez des modèles assez rigides. Selon le degré d'usure de votre pneu et la force de vos mains, il est aussi possible de sortir un pneu sans outils.

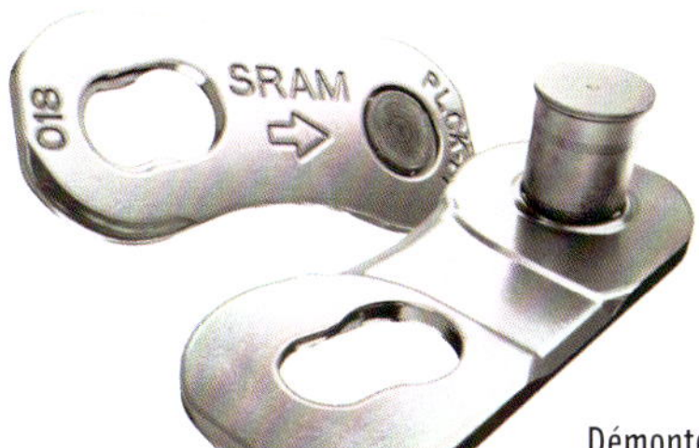

Démonter ou changer un maillon rapide est très facile et rapide. © Sram

> Démonte obus (et obus de rechange)

Imaginez une crevaison dans un moment de fatigue, une pointe d'énervement avec la pompe, les mains glacées, etc. Et là, vous cassez l'obus de votre valve. Plus moyen de gonfler. Pas de panique, l'outil démonte obus sert à cela. Il suffit alors de le remplacer avec un obus neuf, d'où l'importance d'en avoir quelques-uns avec soi.

> Patte de dérailleur

Croyez-moi sur parole, oublier de prendre une patte de dérailleur de rechange peut vous coûter cher. La fonction de la patte de dérailleur est simple : servir de fusible entre le dérailleur et le cadre en cas de chute. La patte se brise, épargnant le dérailleur et le cadre. Renseignez-vous pour avoir une à deux pattes d'avance, compatibles avec votre vélo. Si votre Gravel est récent, il est tout à fait possible qu'il soit équipé d'une patte au standard UDH, ce qui simplifie grandement les choses.

De jour comme de nuit, on n'est pas à l'abri d'un incident mécanique. © Rodeo Labs

> Maillons rapides

Complément du dérive-chaîne, un maillon rapide permet de réparer rapidement une chaîne cassée et de repartir. Prévoyez plusieurs maillons, ce n'est jamais perdu. Prévoyez éventuellement quelques maillons de chaîne.

Pour changer un maillon rapide :
https://youtu.be/Ou7Nn3SFpNU

Avec ces outils, vous êtes parés pour affronter la plupart des situations. En bikepacking, vous pouvez emporter quelques trucs en plus comme du liquide préventif, un cutter, du ruban adhésif, des colliers plastiques, etc. À vous de créer votre trousse de réparations en fonction de votre pratique et de votre expérience.

En cas de casse de la chaîne, le dérive-chaîne est indispensable.
© Sergio Villaba

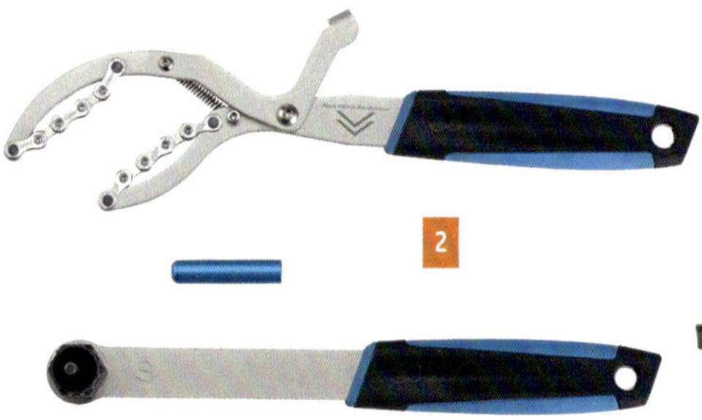

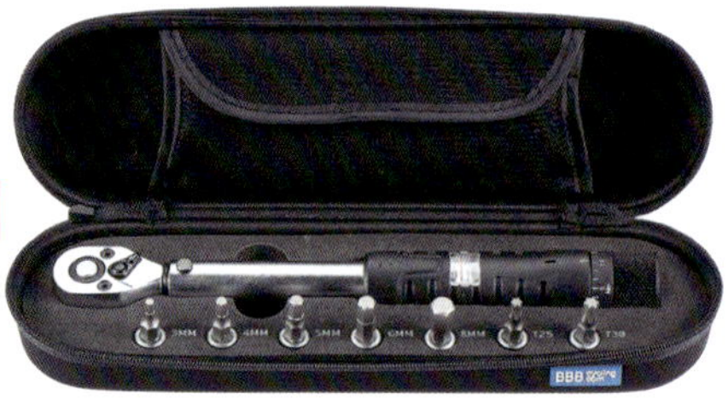

1. Dérive-chaîne.
2. Pince à cassette.
3. Clé dynamométrique.
4. Démonte-pneu.

1. à 4. © Parktool

5. Set composé d'une clé dynamométrique réglable avec embout 1/4», douilles 3, 4, 5, 6, 8 et Torx T25, T30. © BBB
6. Pompe à pied. © Balckburn

À LA MAISON

> Un jeu de clés BTR et Torx

Indispensable complément du multi-outil que l'on emmène à vélo, mais plus pratique et facile à prendre en main. Si l'on souhaite être perfectionniste sur le serrage et appliquer le bon couple de serrage, on peut ajouter une petite clé dynamométrique (allant jusqu'à 14 Nm).

> Une clé dynamométrique

Avoir une clé dynamométrique allant jusqu'à 60 Nm permet de démonter cassette, disques et pédalier en changeant uniquement l'embout. Certes, l'investissement est conséquent mais la clé vous accompagnera longtemps. Quelle que soit la marque, vélo ou mécanique, il faut compter environ 130 € pour un modèle solide et fiable.

L'embout Rockshox pour cassette, disque de frein et fourche Sid ou Paragon se monte directement sur la clé dynamométrique grâce à la prise carrée.
Il est possible de compléter avec un kit d'embout BTR notamment pour le pédalier.
Pour les disques de freins, il se peut que la clé dynamométrique et l'embout pour cassette ne suffisent pas. Il vous faudra un outil spécifique commun à certains disques et boîtiers de pédaliers. L'outil TL-FC32 de Shimano vous tirera d'affaire.

> Pince à cassette

En complément de la clé dynamométrique, et au lieu de vous embêter avec le traditionnel fouet à cassette, optez plutôt pour une pince à cassette. Avec ça, plus aucune complication, changer une cassette devient un jeu d'enfant.

> Un dérive-chaîne

Indispensable pour installer une chaîne neuve à la maison, en complément bien entendu de celui utilisé sur le terrain pour réparer une chaîne cassée. Privilégiez un modèle robuste, solide qui restera longtemps dans votre boîte à outils. En parlant de la chaîne, une pince pour démonter une attache rapide est pratique.

Avoir de bons outils permet de faire les opérations simples soi-même. © BBB

> Un écarteur de pistons

Très utile lors du remplacement des plaquettes de frein, il remplace avantageusement le tournevis ou le démonte-pneu pour repousser les pistons. Vous pouvez prévoir un produit pour les étriers, chez Wurth par exemple, ou même un dégrippant type WD-40.

> Une pompe à pied

Très utile pour gonfler rapidement et facilement vos pneus ou effectuer un montage tubeless.

> Un pied d'atelier

Selon l'espace dont vous disposez, le pied facilite grandement certaines opérations. Là aussi, nous recommandons un pied solide et lourd pour éviter une chute du vélo et des dégâts collatéraux (casser une patte de dérailleur par exemple).

Cette liste n'est évidemment pas exhaustive. Selon votre goût pour la mécanique, vous pouvez facilement ajouter une pince coupe câble (plus des embouts), une clé à rayons, voire un caisson ultrason pour le nettoyage de la transmission. Un seau en plastique, quelques brosses, éventuellement un produit nettoyant pour vélo et quelques chiffons doux compléteront votre arsenal.

• LE VOYAGE À VÉLO, C'EST QUOI ?

Zoé Chauderlot
Bikepackeuse de longue haleine, compétitrice reconnue, créatrice du site d'itinéraires https://www.bikepackingue.fr/, ornithologue du dimanche, conteuse de voyages.
Instagram : @zchauderlot

© Zoé Chauderlot

Que l'on demande à mille cyclistes ce qu'ils recherchent dans le voyage à vélo, et l'on aura mille réponses.

Le bikepacking est un mode de déplacement et un mode de rapport au monde. La carte est une aire de jeu. À la mesure de sa force, on peut y rejoindre des points. De chaque colline, nos jambes auront la mémoire : le paysage aura été vécu pleinement. Lorsque l'on marche en poussant un vélo pendant des heures sur un chemin accidenté, on contemple les chaos de la terre, la couleur des feuilles, les bourgeons qui s'ouvrent encore à peine autour de nous.
On entend le murmure des insectes qui se mêle à l'écho des machines lointaines. Le monde se réduit aux perceptions immédiates. Mais lorsqu'on atteint un col, on le voit alors en dessous de soi se déployer comme une mappemonde. Les plaines d'où l'on vient s'enfuient à l'horizon, et les pics où l'on va sont encore perdus dans le bleu des brumes.

Quand le déplacement se compte en heures, le temps et l'espace sont liés plus que d'ordinaire. La géographie est un temps, l'instant s'y perd. Le corps et le vélo fatiguent et envoient les ordres au corps qui somment le repos, la nourriture, l'huile, la maintenance, et on ne peut qu'obéir à ces choses qui nous dépassent. Être à vélo fait vivre le monde par son prisme tout entier. Les rivières sont des sources d'eau, les arbres d'ombre.
Chaque village aura été vu avec les yeux de quelqu'un qui y cherche. Un voyageur sans but flâne dans les rues, un cycliste, lui, y a faim, y a soif, y cherche une trêve, de la compagnie, toutes les choses qu'offre la société, avant de retourner à la sauvagerie de la nature.
Le pédalage est un rythme qui fait entrer dans une transe qui fait disparaître le temps lorsque l'on est dans la plénitude du moment. Et, au contraire, il fait retourner à la brutalité des heures lorsque, sous une pluie battante, chaque coup de pédale que l'on pousse nous fait espérer un abri, de la chaleur, du répit. Nous sommes liés au monde

sans plus pouvoir nous en extraire, et c'est une expérience qui nous est étrangère, à nous qui grandissons dans une domesticité où le temps et les choses sont domptés à notre convenance.

Le voyage à vélo est une activité autotélique. Où suis-je allée, si loin de chez moi, pour finalement y revenir ? Nulle part. On voyage à vélo pour découvrir le monde, certes, mais ce n'est qu'un prétexte, car rouler devient en réalité le but véritable. Le voyage à vélo a mille facettes. J'y ai recherché le dépassement de moi, j'y ai trouvé des réponses à des questions de vie, et j'en ai ramené dans mon quotidien des éléments qui y manquaient. J'y ai appris à me plaire dans la solitude. J'y ai appris à penser.

Le bikepacking m'a donné confiance en moi. J'ai versé tant de larmes au début, furieuse de mon impuissance et de mes tares, pour ensuite briller d'orgueil d'avoir tout pu surmonter. La peur de se lancer et d'échouer vaincue, j'ai cherché plus loin. Les défis que l'on se lance à soi-même deviennent addictifs. Les éléments que l'on peut ajouter à la pratique sont infinis.
J'ai cherché à aller plus loin, plus vite, foncer en lignes droites sur la carte et déchirer des pays en deux jours, puis à pousser dans des conditions infernales, survivre à des déserts brûlants, des pluies glaciales. J'ai fait de la compétition, pourchassé des records. Chercher les limites du corps est un processus que l'on rejette toujours plus loin, et l'avidité de la puissance remplace l'étonnement de se trouver. Et lorsqu'enfin, on croit être allé au bout de soi-même, on découvre à nouveau des mondes dans sa pratique.

J'ai un atlas chez moi, dans lequel je traçais les voyages que j'avais faits à mes retours. Les pages remplies de lignes sur des cartes semblaient prendre sens dans l'accomplissement qu'elles représentaient. Maintenant, j'oublie de l'ouvrir, je me suis à nouveau perdue dans de nouveaux rites. Car le voyage à vélo est multicouche, multiforme. Certains amènent des appareils photos, des boîtes d'aquarelle, des packrafts, des chaussons d'escalade... J'ai amené des carnets pour écrire, et j'en ai maintenant des dizaines, récits de mes mois passés. J'ai amené mes jumelles et regardé les oiseaux. Je les ai collectionnés pour comprendre mon environnement, pour toujours plus vivre le bikepacking sous d'autres angles. L'apprentissage du paysage est devenu obsessif. Et même si j'ai vu des tétras, des courlis, et tous les vautours des Causses, je souhaite toujours plus, je veux connaître chaque flanc de roche, chaque colline, chaque plante. Je parcours les chemins, je crée des routes. J'en estime la beauté et la pratique, j'examine les cartes à la recherche des sentiers éteints, je me réjouis de mes mauvaises idées à grimper des montagnes infranchissables pour finalement conclure qu'il vaudrait mieux en faire le tour. J'aurai beau tenter de m'ennuyer, je continuerai de découvrir des territoires inexplorés, sur la carte ou en moi-même, et la curiosité m'y engouffrera inlassablement. Le bikepacking est infini, jamais je n'en aurais couvert toutes les dimensions.

Il me reste des dizaines de milliers de kilomètres à parcourir, du sang et des larmes à verser, des compétitions à abattre, des cartographies à étudier, et encore beaucoup de moments de calme à écouter mon cœur battre et le chant des oiseaux.

Zoé est une voyageuse contemplative. © Zoé Chauderlot

BIKEPACKING ET SOMMEIL. LE BIVOUAC OBLIGATOIRE ?

Clairement, nous préférons faire l'apologie de la liberté et de l'expérimentation, le bikepacking étant une affaire personnelle, une pratique évolutive dans le temps. Nos compétences et motivations ne sont pas figées et ce qui est vrai à un moment ne le sera peut-être plus dans quelques mois. Il en va de même pour le sommeil, domaine intime par excellence. Pour nous, hors de question d'opposer les genres. Bivouac, hôtel, non-stop, camping, gîte, hôtel de luxe, yourte... à vous de choisir.

Qui ne s'est jamais posé la question ? Dormir à l'hôtel ou dormir dehors ? Ou tout simplement, faut-il s'arrêter dormir et combien de temps ? Même s'il n'existe pas de réponse définitive et simple, nous allons tenter de défricher pour vous les différentes options qui se présentent, ainsi que des suggestions pour vous équiper.

DE QUOI PARLE-T-ON AU FAIT ?

Le terme bikepacking est entré dans le vocabulaire courant du cyclisme, il recouvre différentes formes de cyclisme et divers synonymes comme cyclotourisme, bike touring, voyage à vélo ou encore itinérance. Le principe est simple ; partir à vélo et passer au moins une nuit (ou quelques heures) en dehors de chez soi.

Nous pourrions tenter une distinction entre les pratiques, couper les cheveux en quatre, arguer que le bikepacking est avant tout une pratique off-road, que le bivouac est roi, que dormir à l'hôtel ne compte pas... Force est de constater en parcourant les différentes sources, que les pratiques sont poreuses et que tout est histoire de nuances et de dosages. Après tout, cela reste juste de la balade à vélo, parfois dans des conditions hostiles. Certes, il y a bien la frange de la compétition ultra mais qui concerne finalement peu de monde, et même sur ces événements, combien sont là pour réellement faire la course ?

LES DIFFÉRENTS CONCEPTS

> Le flashpacking ou overnight

Idéal pour débuter sans se prendre la tête, partir une à deux nuits pour découvrir les joies du bikepacking. Cela demande un minimum de matériel et de préparation, le plus simple étant de partir de chez soi et de se donner un objectif simple : aller voir la mer, aller boire un café chez un pote de longue date, aller offrir un cadeau aux grands-parents... Les idées ne manquent pas. De cette façon, vous êtes déjà dans une logique de bikepacking puisqu'il faut emporter quelques affaires de rechange, réfléchir au parcours, où manger, où dormir. Ainsi, vous pouvez vous lancer sans stress, dans un environnement familier et faire quelques erreurs typiques (partir trop chargé par exemple). Dernier bénéfice et non des moindres, vous roulerez plusieurs jours de suite, idéal pour découvrir de nouvelles sensations à vélo et progresser rapidement. Et tout ça gratuitement !

> Le voyage

Là, nous sommes clairement à la croisée des chemins entre différents termes : bikepacking, voyage à vélo, itinérance, cyclotourisme. Choisissez le terme qui vous convient et partez à vélo avec vos sacoches pour plusieurs jours. Selon les conditions météo et la forme du moment, vous pouvez alterner bivouac en tente et logement solide (hôtel, gîte, connaissances, etc.).

Si vous souhaitez privilégier le bivouac, il est aussi possible d'alterner deux nuits dehors et une nuit à l'hôtel. Cela permet de laver le corps et les vêtements, de dormir dans un vrai lit et de repartir tout frais. Là encore, ce seront souvent les conditions climatiques et de fatigue qui orienteront votre choix.
Vous allez passer un cap dans votre pratique du vélo en allant plus loin en distance mais aussi dans le concept d'autonomie. Grâce à plusieurs jours de vélo consécutifs dans des conditions parfois changeantes et avec la fatigue, vous reviendrez forts d'une expérience incroyable. Attention, le retour à la vie « normale » est parfois difficile !

> Les épreuves longues

L'explosion du Gravel, du bikepacking, de la longue distance ou de l'ultra ont au moins cette vertu de voir se démultiplier le nombre d'épreuves autour de 350 à 500 km. Que ce soit la série Gravelman, les épreuves organisées par le Spider Bike Crew autour de Nantes ou encore Gravel Fever et tant d'autres, vous avez là de quoi sauter dans un bain un peu plus grand sans risquer la noyade. Ligne de départ, barrières horaires, vous vivrez une expérience plus intense mais à votre rythme. À vous de décider si vous souhaitez le faire à fond la caisse ou plus tranquille. C'est l'occasion de vous tester sur des parcours souvent difficiles avec des délais variables (trois jours pour 350 km par exemple). Hôtel, gîte, bivouac, dodo rapide dans un fossé, à vous de voir.

Mike Hall est double vainqueur du Tour Divide et a contribué à populariser l'ultra en créant la Trans Continental Race. © Mike Hall

> Les épreuves ultra

Bienvenue dans un monde bizarre où les étiquettes ne fonctionnent plus. Route, Gravel, VTT... oubliez les distinctions rigides et prenez le vélo qui vous convient. Vous partez pour deux à trois jours minimums avec des délais plus serrés, des parcours de plus en plus difficiles et, parfois, des possibilités de ravitaillement plus rares. En ultra plus qu'ailleurs, il n'y a pas de règles. Toutes les options sont possibles : ne pas dormir la première nuit (à vos risques et périls), dormir deux heures (pareil...), dormir cinq à six heures à l'hôtel, dormir dehors dans un sac de couchage... C'est à vous de choisir et de faire votre expérience. Vous pourrez arpenter les réseaux sociaux et les groupes Facebook, demander à cinquante personnes, vous obtiendrez cinquante réponses différentes et toutes teintées de peurs cachées.
Un seul conseil : allez à votre rythme et faites selon vos envies, sans essayer de copier les champions ou vouloir faire comme les autres. Oui, vous commettrez des erreurs mais ce sont autant d'opportunités d'apprendre quelque chose de nouveau. L'important, c'est le voyage, pas la destination ou le résultat. Une dernière chose : ces épreuves sont des courses mais seulement pour environ 10 à 20 % des inscrits, rien ne vous empêche de participer pour l'ambiance, la qualité du parcours et la beauté des paysages.

QUEL CHOIX POUR LA NUIT

> Hôtel / Gîte

Idéal pour débuter en douceur dans un cadre agréable et passer une bonne nuit. Selon votre degré d'expérience, le temps d'arrêt pourra être de plus en plus court (par exemple arriver à 21 h et repartir à 4 h). C'est aussi un temps utile pour recharger les appareils électriques, laver et sécher les vêtements et, parfois, se remettre d'aplomb. Si vous repartez dans la nuit, n'oubliez pas de faire quelques courses pour avoir de quoi manger au réveil. Vous pouvez aussi voir avec l'hôtelier ou le propriétaire du gîte, s'il est possible d'avoir un petit déj'.

> Bivouac / Camping

Agréable quand les conditions météo s'y prêtent, bivouaquer peut aussi virer à la galère, d'où l'intérêt de mixer avec du logement solide. L'arrêt au camping permet de recharger les appareils électriques et de se laver. Dormir dans une tente est une option confortable, qui reste dans l'esprit du voyage à vélo. Cependant, cela nécessite davantage de place dans les sacoches et alourdit le vélo.

L'option bivouac à la belle étoile est finalement l'essence du bikepacking ; être autonome, dormir où et quand on le souhaite, se laver comme on peut (je vous conseille les toilettes de restaurant...). Veillez à éviter les fonds de vallée ou la proximité de cours d'eau pour éviter à la fois l'humidité et les insectes. Si vous dormez en forêt, n'oubliez pas de surélever votre nourriture pour ne pas être réveillé en sursaut par une famille de sangliers.

L'option « sas de banque » est évidemment souvent évoquée mais génère parfois de petites craintes, comme la peur de se faire voler son vélo. Rassurez-vous, c'est très très rare et cette option est souvent utilisée pour quelques heures au milieu de la nuit, quand la plupart des gens dorment.

La durée de l'arrêt ? C'est à vous de voir et de faire votre propre expérience. Cela peut aller de la micro-sieste de 15 minutes à un cycle de sommeil de 1 h 30, ou même 4 h et plus si vous en ressentez l'envie et le besoin.

Dormir à la belle étoile... © Rodeo Labs

LES INDISPENSABLES POUR BIEN BIVOUAQUER

> Matelas gonflable

Il existe bien des modèles selon votre budget et votre implication dans le bikepacking. Voici deux conseils pour bien faire votre choix :

– la R-value : plus le chiffre est élevé, plus le matelas vous isolera du sol. Si vous comptez dormir dans un sas de banque, une R-value de 1,5 conviendra très bien, mais pas sur un sol froid, vous risquez de grelotter et très mal dormir ;

– les modèles ultralégers ont tendance à être assez fragiles. N'oubliez pas d'emporter une couche de protection à glisser entre le matelas et le sol, par exemple une couverture de survie, mais le top reste une toile en Tyvek, résistant à l'abrasion, à la perforation et léger. Notre choix de cœur ? Le Big Agnes Zoom UL Insulated en combinaison avec un tapis de sol Nemo Switchback.

> Sac de couchage ou bivy ?

La différence entre les deux ? Le bivy ou sursac est une couche fine à utiliser soit pour dormir directement dedans si la température le permet soit pour protéger votre sac de couchage de l'humidité. Si vous décidez de partir ultraléger, le bivy peut vous sauver la mise en cas de coup dur ! Deux valeurs sûres ? Le SOL Escape Light et le Sea to Summit Spark SPL. Si vous avez déjà un sac de couchage mais pas tout à fait assez chaud, le drap de sac Sea To Summit Thermolite Reactor vous ajoutera quelques degrés.

Le choix d'un sac de couchage pour le bikepacking repose sur plusieurs critères essentiels qui déterminent votre confort pendant vos aventures à vélo :

– Isolation et température : un sac de couchage doit être choisi en fonction des conditions climatiques prévues. Pour une utilisation polyvalente, privilégiez un modèle avec une température de confort légèrement inférieure aux températures minimales attendues. Les sacs se répartissent en trois catégories :

- **Été :** pour températures supérieures à 5 °C
- **Mi-saison :** entre 0 °C et 5 °C
- **Hiver :** températures inférieures à 0 °C.

BIVOUAC, QUE DIT LA RÉGLEMENTATION ?

En France, la réglementation du bivouac est encadrée par plusieurs dispositions légales et varie selon les zones.

> RÈGLES GÉNÉRALES

Le bivouac est considéré comme un campement sommaire et éphémère, installé pour une seule nuit. Selon le Code de l'urbanisme, il est librement pratiqué hors des routes et voies publiques, mais nécessite l'accord du propriétaire ou du locataire du terrain.

> ZONES INTERDITES

Le bivouac est strictement interdit dans plusieurs zones :

– les rivages de la mer ;
– les sites inscrits ou protégés ;
– à moins de 500 mètres d'un monument historique ;
– dans un rayon de 200 mètres autour d'un point d'eau capté ;
– les zones boisées classées comme espaces à conserver.

> RÉGLEMENTATION DANS LES PARCS NATIONAUX

Règles générales dans les parcs :

– autorisé généralement entre 19 h et 9 h du matin ;
– installation à plus d'une heure de marche des accès routiers ;
– utilisation uniquement de tentes légères ;
– interdiction de faire du feu.

> SANCTIONS

Le non-respect de ces règles peut entraîner des sanctions :

– amende pouvant aller jusqu'à 1 500 € pour installation en zone interdite ;
– contravention de 3e classe (450 €) dans les réserves naturelles ;
– jusqu'à deux ans d'emprisonnement et 375 000 € d'amende pour installation dans un site classé.

> BONNES PRATIQUES

Se renseigner auprès de la mairie ou du parc avant toute installation.
Respecter les horaires autorisés (généralement 19 h-9 h).
Ne rester qu'une seule nuit au même endroit.
Laisser les lieux plus propres qu'à l'arrivée.

Trouver le bon lieu de bivouac est crucial. © Rodeo Labs

– Type de garnissage : le choix se fait principalement entre deux options : duvet ou synthétique. Le duvet est léger, très compressible, avec un excellent rapport chaleur/poids, mais sensible à l'humidité et plus cher. Le synthétique est résistant à l'humidité, moins cher et facile à laver. Il est aussi plus lourd et moins compressible.
– Poids et compacité : pour le bikepacking, visez un poids entre 500 g et 900 g pour un bon compromis. La compressibilité est cruciale pour optimiser l'espace dans vos sacoches.
– Spécifications Importantes :
• **Pouvoir gonflant :** privilégiez un minimum de 800 CUIN pour le duvet.
• **Forme :** la coupe momie est plus efficace thermiquement.
• **Tissu extérieur :** optez pour un traitement hydrophobe, particulièrement important pour le bivouac
– Taille : assurez-vous que le sac correspond à votre morphologie. Un sac trop grand créera des espaces froids, tandis qu'un sac trop petit limitera le confort.

Budget

Les sacs de qualité représentent un investissement conséquent mais durable. Les meilleurs modèles coûtent généralement plusieurs centaines d'euros.

> Tente ou tarp ?

Là aussi, quelle est la différence ? Un Tarp est simplement une grosse bâche à tendre entre les arbres pour au moins s'abriter de la pluie et de l'humidité. En revanche, on ne retrouve pas le côté cocon et abri de la tente. L'inconvénient de la tente reste l'encombrement et le poids, à moins d'être prêt à mettre quelques centaines d'euros. À vous de voir. Si vous n'êtes pas un fanatique du poids, on trouve de très bons modèles à des prix raisonnables. Sinon, il reste le Tarp Ultralight de chez Sea to Summit.

Pourquoi le vélo est aussi sérieux ?
© Rodeo

Avant de partir, apprendre à monter et démonter rapidement vous fera gagner du temps et de l'énergie. © Rodeo Labs

> Une frontale

Indispensable ! Pour rouler la nuit et éclairer votre trajectoire mais aussi pour réparer une crevaison dans l'obscurité ou aller faire pipi. Les modèles de chez Stoots sont excellents et 100 % français.

> Une doudoune

Pour se réchauffer, pour le réconfort qu'elle procure dans les moments difficiles, la doudoune est un indispensable. À moins d'aller rouler en Andalousie en juillet (et encore...), elle peut vous sauver un voyage. Selon vos moyens, il existe des modèles plus ou moins légers et compacts. À ce petit jeu, le rapport qualité/prix de la Decathlon MT100 est imbattable. De plus, une doudoune peut servir d'oreiller !

POUR UN LOGEMENT SOLIDE ?

Si vous choisissez cette option, il faudra effectuer vos recherches en avance ou prévoir des applications type Booking.com ou Park4night pour les campings. Le plus simple selon nous reste Google Maps, puisque l'on y trouve tout. Il faudra simplement prévoir d'ajouter votre parcours sur Mymaps via votre ordinateur. Vous retrouvez ensuite votre trace en ayant la possibilité de voir les commerces ouverts, hôtels, campings, supermarchés, etc. Dans Google Maps, vous retrouvez cela en bas de l'application « enregistrés ». Vous pouvez aussi ajouter vos propres points. Osm and Maps propose également cette possibilité mais avec un abonnement payant.

Vous l'avez compris, il faut se lancer, tester, expérimenter et recommencer. Il aurait été facile d'écrire un paragraphe avec des témoignages de champions, mais la vérité – que personne ne vous dit – c'est que tout le monde souffre du sommeil et que c'est une quête difficile, à moins de dormir 8 heures à l'hôtel. Concernant le matériel, il vaut mieux attendre un peu et acheter du matériel solide et durable mais plus cher, cela évite d'acheter deux fois (ou plus). Une dernière chose, ne craignez pas de commettre des erreurs, ça fait partie du voyage et cela restera comme les meilleurs souvenirs, on se souvient davantage de cette nuit où l'on a grelotté sous la pluie dans la forêt, que de cette route plate et ensoleillée.

NAVIGATION

Le GPS, un accessoire indispensable. © Dura

Oui oui, on parle toujours bien de vélo. Il ne s'agit de partir voguer sur les flots, mais bien de partir en suivant un itinéraire à partir d'un GPS.

Présent sur nos vélos depuis les années 2000, le GPS est une avancée majeure par rapport aux compteurs traditionnels en indiquant une localisation précise et en permettant de suivre un itinéraire.

Pour différentes raisons, mais principalement à cause de la difficulté de baliser l'intégralité du parcours, les événements Gravel et bikepacking se font au moyen d'un parcours à charger directement sur le GPS, un fichier GPX.

En général, il faut passer par les plateformes web ou les applications mobiles des fabricants de GPS pour importer un parcours sur votre appareil. Cela est également possible en passant par des plateformes de traçage telles que Komoot, Strava ou Ride With GPS.

CHOISIR SON GPS

Le choix d'un GPS se fait selon différents critères propres aux pratiques Gravel et bikepacking. Cependant, il faut reconnaître que l'offre est très large et que la plupart des GPS fonctionnent parfaitement, il est donc difficile de se tromper dans le choix d'un GPS. Autant le dire, les fonctions de mesure de la performance ne sont pas très importantes. En revanche, l'autonomie est un point crucial pour ne pas courir après un point de recharge. Un minimum de 15 heures est un avantage certain pour rouler l'esprit tranquille.

Pour augmenter l'autonomie, vous pouvez également vous plonger dans les réglages pour désactiver de nombreux automatismes comme les sonneries, la redirection automatique (qui peut générer des erreurs de parcours), l'intensité de l'affichage.

Si le terrain s'y prête, vous pouvez aussi passer le GPS en mode éco. On roule alors avec un écran éteint qui s'allume automatiquement lors des changements de direction. Très pratique pour économiser la batterie.

La fonction tactile est un autre point crucial à surveiller et surtout à régler. Il faudra trouver le bon équilibre surtout en cas de pluie car certains appareils ont tendance à perdre les pédales avec les gouttes de pluie. Attention cependant à ne pas pousser trop fort, il faut aussi pouvoir utiliser l'écran facilement sans avoir à appuyer trop fort, notamment la fonction de zoom avant et arrière.

CONSEILS DE NAVIGATION

Pour avancer avec fluidité, sans multiplier les fausses routes et demi-tours, essayez de trouver un équilibre entre zoom avant et zoom arrière pour pouvoir anticiper les changements de direction. Prenez également l'habitude de zoomer dans les portions boisées ou sinueuses pour avoir une direction plus précise.

Essayez de découper votre trace en plusieurs fichiers GPX pour éviter de surcharger celui-ci. Vous gagnerez en fluidité et éviterez un éventuel gros bug vous empêchant de naviguer avec votre appareil.

DERNIER POINT : LE SMARTPHONE

Faut-il naviguer avec un smartphone ? Probablement pas pour des raisons de sécurité en cas de chute. Si votre smartphone ne survit pas à une chute et que vous êtes vous-mêmes blessés, comment appeler les secours, un membre de la famille ou un ami ?

Gardez votre téléphone dans une poche fermée, cela évitera qu'il tombe en cas de chute.

Tracer, ou l'art de voyager avant de partir.
© Juanan Barros

BIKE-PACKING :

L'ART DE TRACER DES AVENTURES SUR DEUX ROUES

© Gaëtan Flamme / sportpic-agency.com

Rémi Lequint
Géographe et cartographe
Titulaire d'un master en géographie environnementale
Instagram : @remiquinquin

Le bikepacking, c'est bien plus que rouler sur des sentiers, c'est avant tout une invitation à l'exploration, à l'autonomie et à la découverte de nouveaux paysages. Bien que l'aventure se définisse par l'imprévu, il n'est pas évident de se lancer dans une aventure sans un parcours soigneusement pensé et tracé. Alors, comment transformer une idée, une envie en un tracé qui en vaille la peine et qui en plus permettra de découvrir au mieux les paysages traversés ? La question est vaste et plurielle car les pratiques du bikepacking sont aussi diversifiées que leurs pratiquants, rien que si vous pratiquez sur route, en Gravel ou en VTT, les problématiques seront totalement différentes. Je vais vous fournir quelques conseils et grandes lignes qui vous permettront de vous en sortir au mieux pour la création d'un itinéraire pour le bikepacking correspondant à vos envies.

L'INSPIRATION : LA CARTE PAPIER, UTILE MAIS PAS INDISPENSABLE

Les puristes vont m'accabler, mais non, la carte papier n'est pas indispensable, l'évolution des techniques fait que nous disposons aujourd'hui d'outils variés, pratiques et performants, la seule limite étant celle de l'autonomie de la batterie. La carte papier a l'avantage d'offrir une vue générale des territoires que vous souhaitez parcourir, mais une fois en route elle est limitée par son encombrement et sa résistance aux intempéries. Elle peut servir dans un premier temps pour découvrir et se familiariser avec la ou les régions que vous souhaitez visiter, les espaces naturels, les villes, les points d'intérêts… Il va falloir déterminer les envies et les limites, le temps du voyage, le nombre de kilomètres que vous souhaitez faire par jour pour enfin avoir une idée de la distance totale et des envies de sites à découvrir ou des territoires à traverser. L'inspiration peut venir de récits de voyage, de lieux emblématiques à découvrir ou par l'envie de traverser une région en particulier, de relier deux espaces naturels, ou bien même pour suivre un élément naturel comme une chaîne de montagnes ou une rivière. Cela m'est arrivé aussi de créer un itinéraire pour découvrir des lieux ou des itinéraires que j'avais aimés dans un film ou dans un livre, les possibilités sont infinies. Ce sera notre point de départ pour définir un itinéraire qui sera unique et racontera l'histoire que vous voulez lui faire raconter.

LES OUTILS POUR DESSINER SON CHEMIN

Une fois l'idée en tête, vous pouvez utiliser les outils en ligne et toutes les applis pour la création de parcours, il en existe une multitude. Je ne peux pas tout vous présenter, je vous en partage quelques-uns mais je vous oriente aussi vers le blog Biclous et Bidouilles de Marie qui a épluché méthodiquement chaque outil existant.

• **Cartes papier ou numériques** : les cartes IGN (papier ou Géoportail) ou OpenStreetMap restent des références pour appréhender le relief, identifier les sentiers balisés et les zones protégées et les ravitaillements.

• **Applications et sites spécialisés** : Komoot, Strava, Ride with GPS ou BRouter permettent de tracer des itinéraires en tenant compte du type de route et des préférences (routes pavées, sentiers Gravel, etc.).

Il est important de choisir l'appli ou le site avec lequel vous êtes le plus à l'aise, déjà cela permettra de vous familiariser rapidement avec l'outil pour connaître la sémiologie graphique du fond de carte, c'est-à-dire le sens que les symboles ont dans la réalité, savoir que tel figuré correspond à une route, un chemin ou un sentier. Différents fonds de carte sont utilisés, il y en a des bons et des moins bons. Les cartes professionnelles comme celle de l'IGN sont excellentes et fidèles au terrain, pour les cartes en open data comme les bases OpenStreetMap qui sont majoritairement utilisées, la qualité est variable selon les géographies. Dans les zones où il y a beaucoup de contributeurs pour compléter la carte, la base est bonne, mais si c'est une région isolée avec très peu de mises à jour et de contributions, cela peut être plus problématique avec des routes mal catégorisées ou même fausses ou inexistantes ; alors qu'en plus c'est dans ces régions que les données seront les plus importantes...

COMMENT RÉUSSIR SON PARCOURS

L'idée est de trouver un équilibre entre votre niveau physique/technique et ce que vous souhaitez découvrir. Trop difficile, le tracé décourage ; trop simple, il peut manquer d'intérêt. C'est là toute la difficulté de l'élaboration d'un parcours. Bien souvent nous avons tendance à vouloir trop en faire car si au quotidien nous sommes habitués à rouler à un certain rythme, une fois chargé sur plusieurs jours et avec cette cochonnerie de chemin boueux ou pierreux interminable qu'on n'avait pas prévu, la donne ne sera pas la même. D'où aussi l'intérêt de bien connaître les outils de traçage utilisés, comme ça on peut adapter le parcours en cours de route et ne pas s'obstiner à suivre ce fameux chemin qui semblait bien derrière l'ordinateur mais qui l'est beaucoup moins sur le terrain. Car c'est à nous de nous adapter au terrain et pas l'inverse.

Il faut faire une première ébauche pour avoir un ordre d'idée de la distance, des difficultés, de l'espacement des ravitaillements et des bivouacs possibles. Ensuite on peut affiner. Penser distance et dénivelé, pour que l'itinéraire soit agréable, il doit être adapté à notre niveau. Lorsqu'on débute on privilégie les étapes courtes et assez plates, puis, avec l'expérience, on va avoir tendance à ajouter plus de dénivelé et allonger les distances. Sachant aussi que pour un voyage au long cours, c'est-à-dire pour une traversée de pays ou de continent, le niveau du ou des cyclistes peut évoluer au fur et à mesure des jours en apprenant à se connaître mais aussi avec le corps qui s'habitue à l'effort et peut mieux encaisser les journées de vélo.

RAVITAILLEMENT ET BIVOUACS

Pour les ravitaillements, il faut en avoir régulièrement mais surtout savoir où ils se trouvent. Car l'espacement des points de ravitaillement va influencer la taille et le contenu des sacoches, si nous avons deux jours entre deux ravitaillements, nous n'aurons pas le même chargement que pour une demi-journée. Il faut donc bien anticiper selon les régions traversées et toujours prévoir un repas de secours au cas où.

Pour les bivouacs, je déconseille souvent de prévoir ses étapes et donc ses bivouacs à l'avance car même si cela rassure, parfois cela met une pression sur les journées où il faut absolument arriver à ce bivouac pour la nuit, ce qui induira des arrivées tardives, de la fatigue et finalement on profite moins. À l'inverse si on arrive au point de bivouac prévu en milieu de journée, s'il n'y a rien à visiter cela vaut peut-être le coup de pousser un peu plus avant sur l'itinéraire. En dehors des grands centres urbains, il n'est pas difficile de trouver de quoi bivouaquer, après ce n'est pas une condition sine qua non du bikepacking, les campings font aussi très bien l'affaire et pour les plus réticents à dormir dehors, les hôtels seront aussi là pour vous accueillir.

TESTER, AJUSTER ET PARTAGER

Une fois le parcours tracé et peaufiné s'il est destiné à être partagé, une reconnaissance peut valoir le coup dans la mesure du possible pour évaluer la faisabilité et ajuster la trace si nécessaire. Si ce n'est pas possible, nous allons revenir à ce qui a déjà été dit, il faut s'adapter. Même si nous utilisons des outils très techniques pour créer des parcours et suivre des itinéraires, la technologie n'est pas infaillible et l'humain non plus d'ailleurs. Si vous demandez à un outil de vous faire aller d'un point A à un point B, il va le faire bêtement, mais lui n'ira pas faire des reconnaissances, il va utiliser les données qu'il possède et ses algorithmes pour tracer votre itinéraire selon SES critères ; mais si les chemins sont plus difficiles que prévu, qu'ils n'existent plus ou qu'il a choisi une section qui ne vous plaît pas, ce ne sera pas sa faute ! C'est à vous de contrôler déjà sur carte si tout le tracé est bon et puis s'il y a des erreurs en route au mieux vous vous adapterez en retraçant en route maintenant que vous savez, et au pire cela fera des histoires à raconter tant que vous n'incriminez pas sur les réseaux l'appli proprement dite ou même son développeur qui n'ont rien à voir avec ça.

Une fois le tracé réalisé et vérifié vous n'aurez plus qu'à rouler et le partager si vous souhaitez en le faisant évoluer avec vos retours et ceux des autres cyclistes. Je conseille juste de découper les longs tracés en portions de 200 kilomètres car certains GPS ne supportent pas les longs fichiers gpx.

POUR CONCLURE, À CHACUN SON AVENTURE !

Pour bien tracer un parcours de bikepacking, il faut donc prévoir des étapes stratégiques. Une fois parti, pour bien réussir son itinéraire, il faudra tenir compte du terrain, de sa forme physique, de la météo ou même de ses envies et s'adapter si besoin. Si je devais ajouter une condition pour bien réussir son parcours, c'est d'y apporter de la diversité, à la fois dans les paysages et dans les sites à découvrir. Je me souviens de 2 500 km de forêt en Suède comme en une longue tirade monotone qui affecta fortement mon moral et que j'ai cassée en y intégrant la traversée de parcs nationaux et de villages pittoresques avec d'autres choses à voir et à faire.Il importe d'équilibrer ses propres envies et besoins en tenant compte des autres participants qui vous accompagneront et des capacités de tous, y compris les vôtres. Il ne faut non plus négliger de découvrir les régions que vous traversez dans le respect de l'environnement dans lequel vous évoluez, donc en empruntant les chemins existants pour limiter l'impact sur la faune et la flore, en ne laissant pas de traces de votre passage mais aussi en soutenant l'économie locale. Si vous faites tout cela, c'est l'essentiel de la recette d'une aventure réussi en bikepacking.

Attention aux mauvaises surprises ! © Morten Schrøder

LA CLINIQUE DU GRAVEL

Malgré les apparences d'un sport simple, le vélo est une activité extrêmement physique et technique. À plus forte raison, le Gravel et le bikepacking sont les foyers de blessures potentielles. Heureusement, nous avons réuni trois experts pour aborder la prévention des blessures et la préparation physique, la prévention des fourmillements et la perte de sensibilité des doigts et la spécificité du cyclisme au féminin.

S'amuser en Gravel. © Cameron Strand

PRÉPARATION PHYSIQUE, PRÉVENTION ET GESTION DES BLESSURES

ÉLÉMENTS CLÉS POUR OPTIMISER SON POTENTIEL

Adeline Bruchet, kinésithérapeute du sport
Instagram : @ab_coaching63

PUISSANCE ET BIOMÉCANIQUE DU PÉDALAGE

Le bikepacking, au-delà de l'aventure, repose avant tout sur un principe simple : se déplacer. Mais ce déplacement n'est pas sans effort, car il implique de lutter contre plusieurs résistances fondamentales :
– aérodynamiques liées à la viscosité de l'air ;
– au roulement lié aux frottements des pneus sur la route ;
– à la gravité liée au poids (cycliste + vélo) et à l'inclinaison de la route.

Ces efforts s'expriment de manière précise à travers une formule clé en cyclisme : celle de la puissance. La puissance (P en watts) c'est la force appliquée sur les pédales (F en newtons) multipliée par la vitesse angulaire du pédalier (V en rad/s).

$$P = F \times V$$

Cette formule montre que pour augmenter la puissance, il est crucial d'augmenter soit la force, soit la cadence.

Une fois cette formule maîtrisée, il est fondamental de comprendre comment votre corps génère la force appliquée sur les pédales. Cette compréhension passe par l'analyse de la biomécanique du pédalage et l'étude des groupes musculaires impliqués.

Les acteurs principaux de ce mouvement sont :
– les quadriceps
– les ischio-jambiers
– les mollets
– les fléchisseurs de hanche
– les fessiers
– les releveurs de la cheville
– les muscles du tronc

Cette analyse nous permet de comprendre le mécanisme complexe qui transforme l'effort musculaire en force mécanique appliquée sur les pédales, propulsant ainsi le vélo vers l'avant.

LES EXIGENCES PHYSIQUES SPÉCIFIQUES AU BIKEPACKING

> Une robuste **endurance cardiovasculaire et musculaire** permet de supporter de longues journées consécutives à vélo et ce parfois même en altitude. Le corps doit pouvoir maintenir une intensité modérée sur la durée, sans faiblir, ce qui implique un système cardiovasculaire bien entraîné et des muscles capables de répéter les mêmes mouvements pendant des heures sans se fatiguer prématurément.

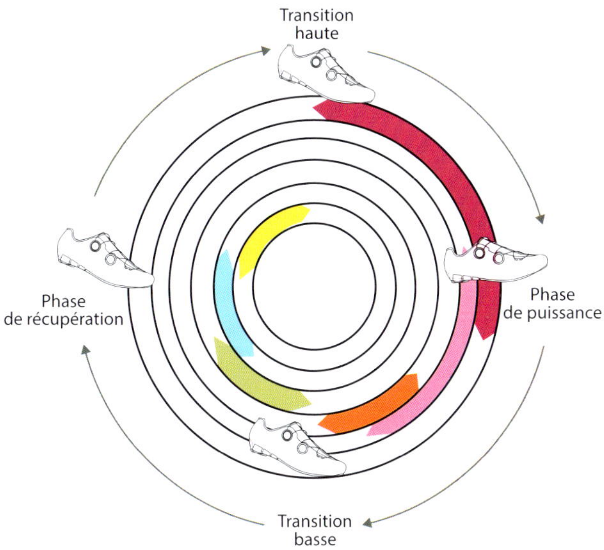

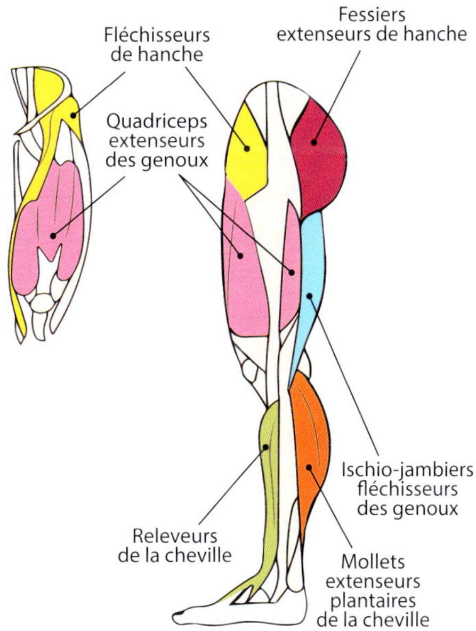

> Une **mobilité articulaire et une souplesse** adéquate sont essentielles pour maintenir la position prolongée sur le vélo. Les hanches, le bas du dos et les épaules sont particulièrement sollicités et une mobilité insuffisante dans ces zones peut rapidement entraîner des tensions ou des douleurs. Cultiver cette mobilité devient alors essentiel pour absorber les contraintes du pédalage et préserver un confort relatif, même après des journées complètes sur les chemins.

> Une excellente **stabilité du tronc** est nécessaire pour faire face aux défis posés par la diversité des terrains rencontrés. Qu'il s'agisse de boue, de sable ou de gravier ces surfaces variées génèrent des vibrations et des secousses importantes. Pour absorber efficacement ces chocs tout en maintenant une trajectoire stable, un gainage efficace s'avère indispensable.

> Une grande **force musculaire dans les jambes** est imposée par le fait de rouler avec un vélo chargé, alourdi par les sacoches. Les montées deviennent plus exigeantes, demandant une puissance accrue pour surmonter la gravité. Sur les terrains accidentés, la résistance musculaire est également sollicitée pour maintenir le rythme et la stabilité.

> Une **force considérable du haut du corps**, notamment des bras et des épaules, est essentielle pour porter ou pousser son vélo dans certaines circonstances comme la traversée d'un cours d'eau ou dans une pente très raide.

De plus, le dos est également très sollicité lorsque l'on porte un sac à dos pour transporter des provisions ou une poche à eau. Bien que ce poids soit souvent modéré, il a un impact sur la posture et engendre une contrainte musculaire, en particulier au niveau des cervicales et des épaules.

LE DÉVELOPPEMENT DES DIFFÉRENTES QUALITÉS PHYSIQUES

> L'endurance cardiovasculaire et musculaire

Pour devenir plus endurant, il est possible d'adopter une double approche qui combine l'activité spécifique, le vélo, avec du renforcement musculaire.

En pédalant principalement dans les zones cardiaques 1 et 2, qui correspondent à des efforts de faible intensité, on parvient à améliorer considérablement son endurance. Par ailleurs, pour renforcer sa résistance à la fatigue, il est essentiel d'intégrer progressivement des sorties longues dans son entraînement.

En parallèle, le renforcement musculaire permet de développer la force des muscles, ce qui améliore la capacité du corps à soutenir des efforts prolongés sans se fatiguer.

> La mobilité/souplesse

La mobilité, c'est la capacité de nos articulations à se mouvoir librement et efficacement. Une bonne mobilité des hanches, des genoux et des chevilles est essentielle pour un pédalage optimal.
Cependant, il ne faut pas négliger la mobilité du dos et des épaules, qui est également importante pour maintenir une posture efficace sur de longues distances.

Des étirements, statiques ou dynamiques, contribuent à accroître l'amplitude de mouvement des articulations et à diminuer les risques de blessures.

Étirement statique des ischios jambiers [1]
Exécution : conservez les genoux tendus.

Étirement de la hanche en rotation externe avec un support [2]
Exécution : conservez le dos bien plat.

Étirement dynamique du dos [3 et 4]
Exécution : amenez les coudes vers le haut et l'arrière en gardant les fesses au sol.

> La stabilité du tronc

Un tronc solide favorise une posture efficace sur le vélo, ce qui diminue la fatigue et améliore le transfert de puissance vers les pédales. En renforçant les muscles profonds de l'abdomen, du dos et des hanches, on accroît la stabilité globale, ce qui facilite également le contrôle du vélo, en particulier sur des terrains difficiles.

Le gainage est une technique efficace pour stabiliser le centre du corps, ce qui contribue à optimiser les performances tout en aidant à prévenir les douleurs.

1

2

Gainage chaîne postérieure en anti-flexion [5 et 6]
Exécution : poussez les pieds et le haut du dos vers le haut pour former un arc.

Gainage en anti-rotation à 4 pattes [7 et 8]
Exécution : touchez l'épaule opposée avec le minimum de mouvement du buste.

3

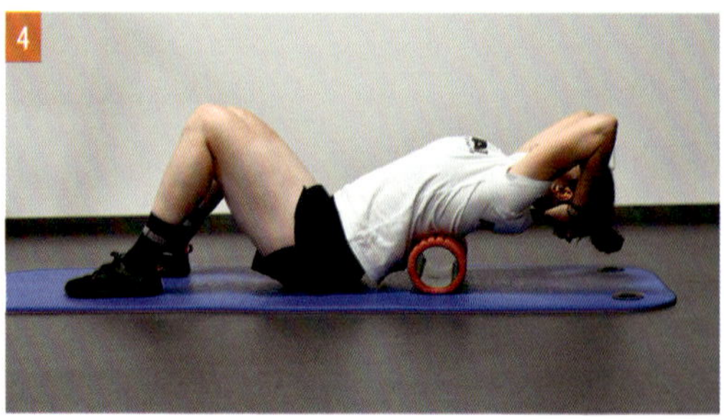
4

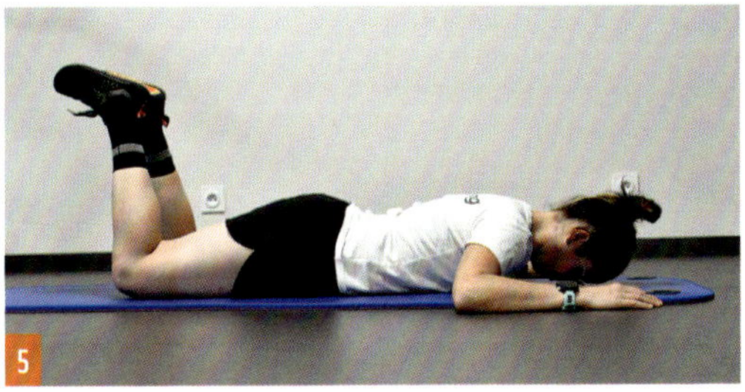

5

6

7

8

9

10

Gainage en anti-inclinaison en planche latérale [9 et 10]
Exécution : poussez le bassin vers le haut et le coude dans le sol.

> La force musculaire

Les jambes, considérées comme le moteur du cycliste, nécessitent un développement musculaire spécifique. En effet, le développement de la force musculaire constitue la base essentielle pour accroître sa puissance. En analysant la formule de la puissance, il devient évident que l'augmentation de la force entraîne une hausse de la puissance, ce qui se traduit par une amélioration de la vitesse de déplacement. Ainsi, des jambes plus fortes permettent non seulement d'accélérer, mais aussi de maintenir une vitesse plus élevée sur de longues distances.

Cependant, au-delà de l'augmentation de la puissance brute, le renforcement musculaire joue un rôle crucial dans l'amélioration de la résistance à la fatigue lors des efforts prolongés. Dans le cadre d'aventures de plusieurs jours, il est particulièrement bénéfique d'améliorer l'économie de son pédalage. En effet des muscles plus forts consomment moins d'énergie pour fournir le même niveau d'effort. Cela signifie que le cycliste peut parcourir de plus longues distances sans ressentir une fatigue excessive.

Enfin, un autre avantage important du renforcement musculaire réside dans sa capacité à prévenir de nombreuses blessures. En renforçant nos tissus musculaires et conjonctifs, nous les rendons plus résistants et mieux préparés à supporter les contraintes physiques inhérentes au cyclisme.

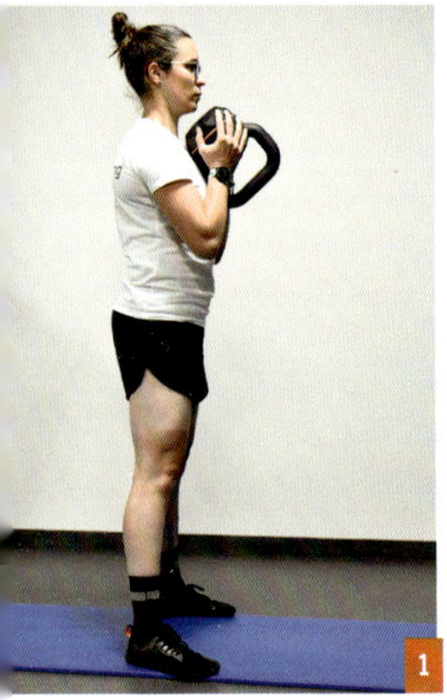

1

2

3

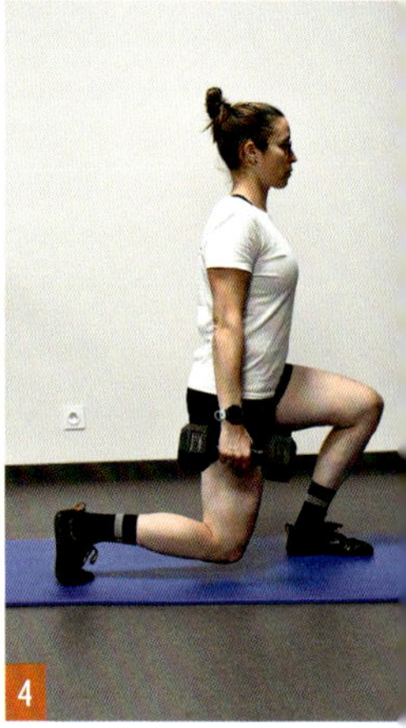

4

Gobelet squat avec une kettlebell [1 et 2]
Exécution : gardez le dos plat lors du mouvement, amenez les fesses à hauteur des genoux.

Fentes avant lestées avec des haltères [3 et 4]

Romanian deadlift [5 et 6]
Exécution : poussez les fesses vers l'arrière en gardant le dos plat pour des fessiers et un dos fort.

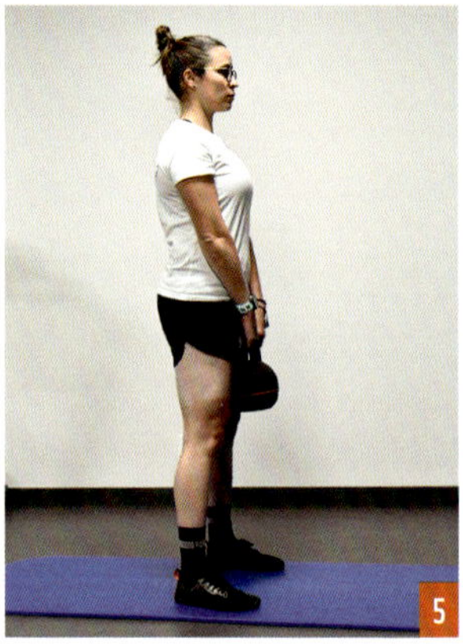

5

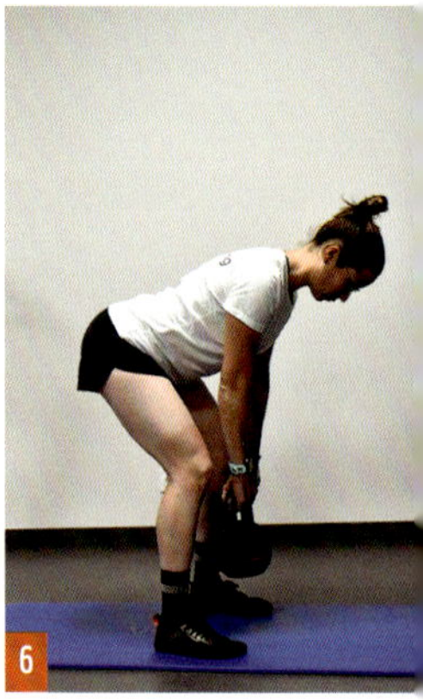

6

Souvent négligés, les membres supérieurs jouent pourtant un rôle crucial dans le contrôle et la maniabilité du vélo. Les bras, les épaules et le haut du dos doivent être suffisamment forts pour maintenir une position stable, absorber les chocs et diriger le vélo sur des sentiers techniques ou lors des longues descentes.

Tirage bûcheron pour renforcer le haut du dos [7 et 8]
Exécution : tirez le coude vers le haut en gardant le buste plat et face au sol.

Haussements d'épaules pour renforcer le cou/haut du dos [9 et 10]
Exécution : gardez les coudes tendus et élevez les épaules en direction des oreilles.

Pompes [11 et 12]
Exécution : conservez un angle de 45° entre le bras et le buste lors de la descente.

7

9

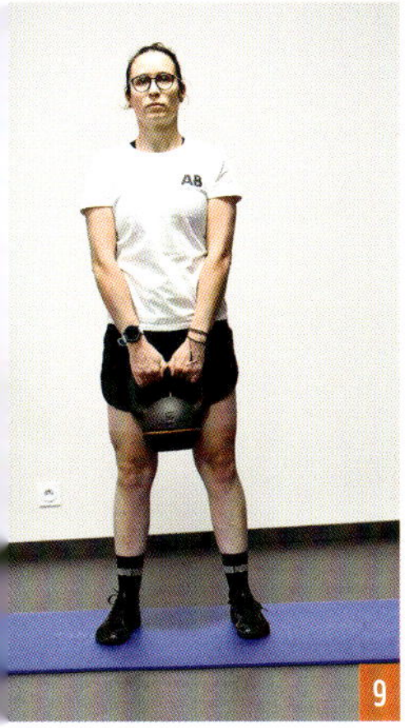
9

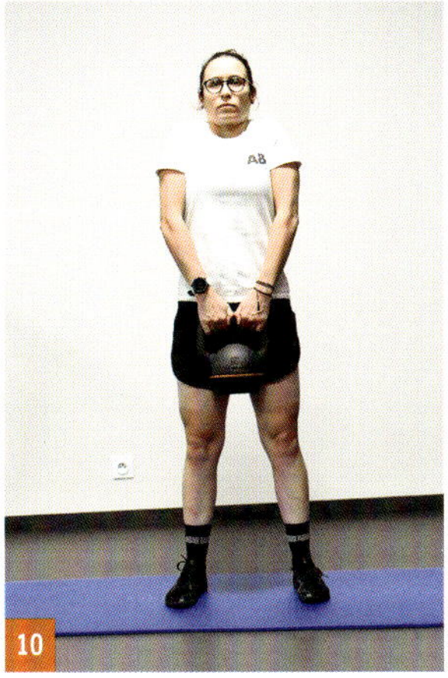
10

11

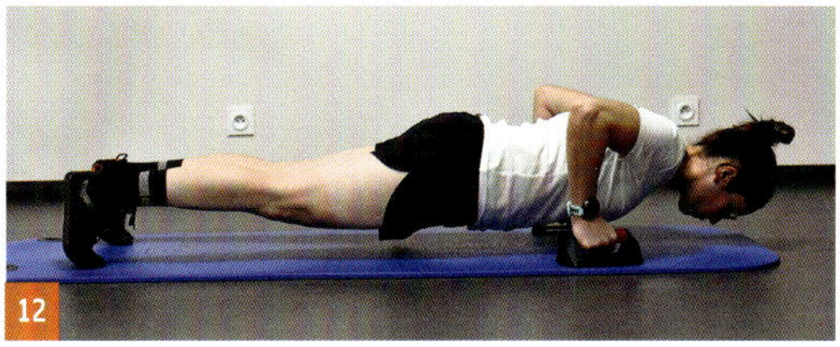
12

BLESSURES EN BIKEPACKING

> Pourquoi ?

Deux raisons principales peuvent être identifiées :

– **Des contraintes mécaniques dépassant les capacités tissulaires :** les contraintes mécaniques se réfèrent aux forces exercées sur le corps lors de l'activité physique. Chaque tissu du corps humain a une limite quant à sa capacité à supporter des contraintes mécaniques. Lorsque ces limites sont franchies, des blessures peuvent survenir. Après de longues heures de pédalage, il est fréquent que les tendons deviennent douloureux en raison d'un stress mécanique trop important par rapport à leur capacité de résistance.

– **Une récupération inadéquate** : la récupération est un processus crucial qui permet au corps de réparer les tissus endommagés et de se préparer pour de futurs efforts. Une récupération insuffisante peut être causée par plusieurs facteurs, tel qu'un temps de repos insuffisant entre les sorties, un sommeil de mauvaise qualité ou une alimentation inappropriée.

> Comment éviter la blessure ?

Deux principes clés à respecter :

– **Progressivité :** le stress mécanique exercé sur l'organisme perturbe son équilibre interne, l'incitant à se renforcer. Lorsqu'il est appliqué de manière progressive et en tenant compte des capacités du corps, ce stress permet de développer la résilience des tissus.

– **Régularité :** le corps humain préfère recevoir un stimulus régulier presque quotidiennement pour progresser sans se blesser, plutôt que de subir un effort intense une fois par semaine. Cette méthode aide à prévenir les surcharges et les blessures potentielles, tout en favorisant une adaptation progressive.

De plus, il est fortement conseillé d'inclure des séances de préparation physique dans votre routine et de faire vérifier votre position sur le vélo par un professionnel.

> Comment gérer une douleur ?

Voici les premières adaptations à mettre en place après l'apparition d'une douleur :

– Les 3 - 4 premiers jours : il est important d'arrêter l'activité qui cause la douleur afin de permettre aux processus naturels de cicatrisation de se dérouler. Toutefois, il est recommandé de rester actif dans d'autres activités qui ne provoquent pas de douleur, ce qui stimulera la circulation sanguine et favorisera la guérison.

– Après 4 jours, en cas de diminution de la douleur : vous pouvez reprendre l'activité en réduisant le volume de 30 à 50 % et en évitant toute intensité élevée. Le principe de surcharge progressive est particulièrement pertinent dans le contexte d'une blessure.

– Après 7 à 10 jours, si la douleur persiste : il est conseillé de consulter un professionnel de santé qui pourra vous orienter dans votre parcours de soins. Des examens complémentaires pourraient être nécessaires et il sera important de commencer une rééducation adaptée afin de renforcer les tissus endommagés.

FOURMILLEMENTS ET PERTES DE SENSIBILITÉ

Docteur Vanessa Costil, chirurgien-orthopédique, spécialiste du canal carpien Clinique l'Annexe, Versailles

Imaginez cette scène : vous roulez depuis quelques kilomètres et pourtant, vous sentez déjà un engourdissement ou des fourmillements dans une main au niveau de l'annulaire et de l'auriculaire. Autre cas de figure, vous êtes rentrés d'un trip bikepacking depuis quelques jours mais vous n'avez pas retrouvé la sensibilité, la « pince » entre l'index et le pouce.
Ces sensations de fourmillements ou, pire, d'engourdissement trouvent souvent leur cause dans une mauvaise posture et se règlent avec quelques précautions. Souvenez-vous que la douleur n'est ni une fatalité ni un passage obligé, c'est avant tout le signal d'un déséquilibre que vous pouvez résoudre vous-même avec quelques réglages ou en faisant appel à un spécialiste.

LES CAUSES

Selon les doigts concernés, on trouve deux pathologies : la neuropathie ulnaire et le syndrome du canal carpien.
Pour vous aider à visualiser, souvenez-vous de la série *Star Trek*, de Monsieur Spock et son fameux « Salut Vulcain ». Le pouce, l'index et le majeur sont contrôlés par le nerf médian situé dans le canal carpien et l'auriculaire est contrôlé par le nerf ulnaire, tandis que l'annulaire est contrôlé « un peu » par les deux.
Dans les deux cas, les fourmillements et engourdissements sont causés par la compression d'un nerf en raison d'une mauvaise position de la main sur le guidon, mais aussi plus largement du cycliste sur sa machine. Parmi les causes possibles, on retrouve la répétition des vibrations et chocs ainsi qu'une crispation excessive sur la durée. On trouve également les différences anatomiques, notamment la longueur des bras, qui provoquent un déséquilibre sur la machine, exactement comme une différence de longueur de jambe va favoriser les irritations aux ischions.
Il arrive aussi de souffrir d'une lésion dénommée « névralgie cervico-brachiale » ou NCB. La douleur engendrée par le syndrome du canal carpien est alors accentuée. On parle donc de syndrome de sommation quand il existe deux points de contrainte. La posture prolongée en hyperextension peut développer une hernie ou de l'arthrose cervicale qui peut provoquer un blocage du nerf au niveau du cou. Il est alors préconisé de pratiquer un électromyogramme qui va permettre de déterminer les endroits précis de compression.
Le médecin du sport peut également rechercher la présence de diabète ou d'une hyperthyroïdie. Dans le cas d'un diabète, la quantité de sucre peut abîmer la gaine des nerfs. Dans le cas d'une hyperthyroïdie, on relève la présence d'un œdème sous cutané appelé myxoedème, et dans l'espace étroit du canal carpien, le dépôt de substances pseudo-mucineuses sur la gaine du nerf médian entraîne une compression du nerf.

ET LES PIEDS ?

Pour les pieds, c'est exactement pareil, on parle d'engourdissement, donc un trouble du sens du toucher, la fameuse paresthésie.

Dans cette position, le poignet est en hyperextension. Attention aussi à ne pas toujours serrer le guidon, pensez à relâcher la tension (allongez les doigts).

Dans cette position, le poignet l'avant-bras forment une ligne plus naturelle. La paume de la main est posée sur le cintre, les doigts sont relâchés.

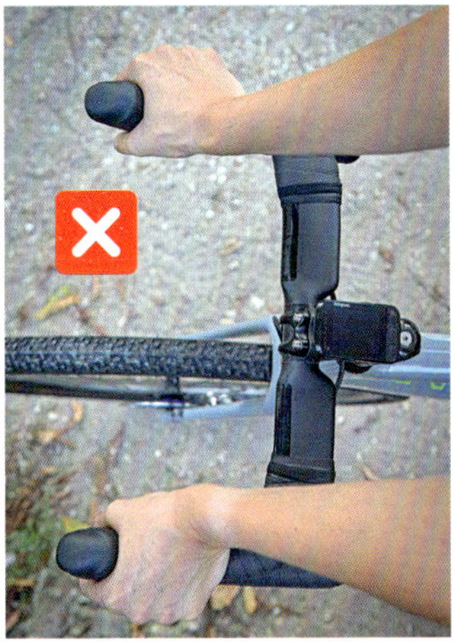

Dans cette position, le poignet est en hyperextension. Attention aussi à ne pas toujours serrer le guidon, pensez à relâcher la tension (allongez les doigts).

Dans cette position, le poignet est bien aligné avec l'avant-bras.

En utilisant un cintre Gravel avec un flair (une inclinaison vers l'intérieur), ou en orientant les poignées légèrement vers l'intérieur, on crée une position plus favorable au confort, mais aussi une meilleure prise en main, plus naturelle et agréable.

Tout est question de compression du pied et donc des faisceaux nerveux et sanguins, dans la chaussure. La position des cales est évidemment déterminante car elle influence la façon dont le pied se positionne et va favoriser ou pas la compression des nerfs. Là encore, la position globale sur le vélo peut être en cause, de même que la condition physique générale avec une faiblesse au niveau des muscles tibial antérieur et triceps sural.

LE BIKEPACKING DANS TOUT ÇA ?

Dans la majorité des cas, les fourmillements et engourdissements disparaissent très vite. Mais dans le cas d'un trip bikepacking, il est fréquent de perdre la sensibilité des doigts, voire d'être incapable de serrer un objet. Il faut alors plusieurs semaines à plusieurs mois pour que les symptômes disparaissent, selon le degré de compression et d'atteinte.

QUELLES SOLUTIONS ?

Si la cause de nos maux est la compression, il faudra chercher à la réduire. Dans le cas des mains, on veillera à respecter l'alignement du poignet et de l'avant-bras en ajustant le poste de pilotage. Parmi les erreurs les plus fréquentes, citons la déviation ulnaire trop forte, avec une torsion trop importante du poignet dans l'axe latéral, Il faut veiller à ce que le poignet forme un axe avec le bras. De même, l'extension dorsale trop forte des mains sur le guidon est à proscrire, on cherchera davantage à créer un axe avec le bras.

Pour les pieds, il faudra vérifier la taille des chaussures, tester différentes socquettes et bien entendu, expérimenter d'autres positions des cales.

Attention, il faut distinguer l'engourdissement du pied et une sensation d'échauffement insupportable et handicapante. On parle alors de « feu du pied », et il faudra se tourner vers un spécialiste pour régler ce problème.

• SPÉCIFICITÉS FÉMININES ET CYCLISME

© Sindy Thomas

Dr Matthieu Muller
Gynécologue Obstétricien, Centre Hospitalier des Pays de Morlaix
Médecin du sport.
Médecin référent de l'équipe cycliste professionnelle féminine COFIDIS

La pratique régulière du cyclisme expose la femme cycliste à des pathologies spécifiques. Ces problématiques féminines peuvent apparaître quel que soit le niveau et quelle que soit la pratique. Ces « technopathies » spécifiques du cyclisme féminin peuvent en partie être évitées, d'où l'importance de les connaître pour mieux les prévenir. Dans ce chapitre consacré aux problématiques de la femme cycliste nous aborderons d'abord celles en lien avec le cycle menstruel puis les pathologies du périnée. Nous profiterons du paragraphe sur le cycle menstruel pour discuter de la contraception et de l'optimisation de l'entraînement et de la compétition en fonction de celui-ci.

PATHOLOGIES DU CYCLE MENSTRUEL

> Le cycle menstruel

Le cycle menstruel comprend 4 phases et dure habituellement 28 jours (la longueur du cycle peut varier de façon physiologique de 21 à 35 jours). Les hormones qui jouent un rôle dans le cycle menstruel sont la Gn-RH sécrétée par l'hypothalamus et qui commandent la libération de la FSH et de la LH hormones sécrétées par l'hypophyse. La FSH et la LH agissent sur les ovaires. Ces derniers sécrètent l'œstradiol et la progestérone.

Le premier jour du cycle correspond au premier jour des règles. Cette période peut durer de 2 à 6 jours. La deuxième phase du cycle est la phase folliculaire. Elle se déroule habituellement du 5e au 14e jour du cycle (mais elle peut varier de façon physiologique de 7 à 21 jours). Le 14e jour survient l'ovulation. Du 14e au 28e jour, c'est la phase lutéale. Au 22e jour la chute rapide du taux d'œstrogène et de progestérone provoque une constriction des artères de l'endomètre, une ischémie avec comme conséquence une hémorragie menstruelle correspond aux règles.

> Anomalie du cycle menstruel chez la cycliste

Les anomalies du cycle menstruel les plus fréquentes chez la cycliste sont les irrégularités menstruelles et l'aménorrhée (absence de règles). Elles sont la plupart du temps en lien avec un RED-S (voir plus loin), néanmoins on veillera à réaliser un bilan gynécologique afin d'éliminer une autre étiologie.
Les irrégularités menstruelles incluent soit des cycles de plus de 35 jours (appelés aussi spanioménorrhée) soit des cycles de moins de 24 jours (appelés aussi polyménorrhée). Alors que la fréquence des cycles irréguliers varie entre 5 et 15 % dans la population générale, elle est comprise entre 12 et 100 % chez les sportives en fonction de leurs disciplines sportives.
Chez la cycliste, les irrégularités varient de 12 à 60 %. Dans la population générale l'aménorrhée à une fréquence de 2 à 5 %. Chez la sportive, sa fréquence varie entre 7 et 65 % selon le sport pratiqué. Dans le cyclisme, la fréquence des aménorrhées varie entre 12 et 30 %.

Dans tous les cas d'anomalie du cycle menstruel, il faudra éliminer une grossesse par un dosage de l'hormone de grossesse et demander une consultation gynécologique.

> La contraception chez la cycliste

En France, 52,4 % des femmes âgées entre 20 et 24 ans utilisent la pilule, qui est la méthode utilisée par le tiers des Françaises en âge de procréer. C'est également la méthode choisie par la majorité des sportives : 68 % des sportives prennent la pilule. Il n'y a pas de données scientifiques sur la méthode contraceptive utilisée chez la cycliste. Chez elle, le choix du moyen contraceptif doit tenir compte de l'efficacité et des contre-indications mais également des effets négatifs sur la performance, comme la prise de poids, les contraintes de la vie d'une sportive de haut niveau (nombreux déplacements, décalage horaire pour se rendre sur les lieux de compétition...) ainsi que de la prise en charge d'éventuels symptômes liés au cycle comme une dysménorrhée (douleur qui précède, accompagne ou suit la menstruation) ou un syndrome prémenstruel.

Il existe différents moyens de contraception (pilule œstroprogestative, pilule microprogestative, les dispositifs intra utérin – DIU – également appelés stérilets au cuivre ou à la progestérone, les implants hormonaux insérés en général dans l'avant-bras, les patchs contraceptifs, l'anneau vaginal) ayant chacun des avantages et des inconvénients. Il est important de les connaître afin de choisir avec la sportive la contraception la plus adaptée. Pour nous, chez la cycliste, en première intention nous proposons le SIU hormonal. Il présente de nombreux avantages : évite la servitude d'une prise quotidienne de comprimé, bien adapté au rythme de vie d'une sportive de haut niveau (pas de risque d'oublis avec les nombreux déplacements, pas nécessaire de tenir compte des décalages horaires), action hormonale locale essentiellement, très peu de risques de prise de poids, entraîne le plus souvent une aménorrhée ou une diminution du flux menstruel (limite les risques d'anémie, de déficit en fer).

Si la cycliste souhaite une contraception œstroprogestative, afin de limiter la prise de poids le médecin

Le vélo est une activité technique avec des spécificités notamment pour les femmes. © Vaude / Christoph Laue

proposera en première intention une association à faible concentration d'éthinyl œstrogène et un progestatif non androgénique et comportant un effet anti-minéralocorticoïde.

Concernant le niveau de performance, il n'y a pas d'étude concernant le SIU hormonal. En pratique, il ne semble pas avoir de retentissement sur le niveau de performance chez la cycliste utilisant un SIU hormonal. Dans l'étude de Elliott-Sale (méta-analyse), il retrouve un effet très minime de la contraception œstroprogestative sur le niveau de performance des femmes utilisant ce type de contraception par rapport aux femmes n'ayant pas de contraception avec des cycles naturels. Le niveau de performance serait très légèrement inférieur chez les utilisatrices d'une contraception œstroprogestative.

La douleur n'est pas normale,. On adapte le vélo à la morphologie, pas l'inverse. © Jojo Harper

> Impact du cycle menstruel sur la performance et optimisation de la performance

Avant tout, il est essentiel de rappeler que les données concernant l'entraînement et la programmation de l'optimisation de la performance doivent être prises avec beaucoup de précautions. En effet, le manque de données scientifiques et l'extrême individualisation nécessitent une grande prudence dans l'information diffusée et l'utilisation de ces données. Ce qui semble assez clair, c'est qu'il existe une perturbation du cycle menstruel plus fréquente chez l'athlète féminine de haut niveau que dans la population générale. En théorie, cela pourrait impacter la pratique sportive car les hormones sexuelles de la femme ont un effet positif sur des paramètres importants de la performance : pression artérielle, fonction cardiovasculaire, musculaire, thermorégulatrice et métabolique. S'il faut donner de grandes lignes directrices pour structurer son entraînement en fonction du cycle menstruel, le début de la phase folliculaire serait plus propice aux entraînements de force et la phase lutéale plus propice aux entraînements d'endurance. Concernant la performance, elle semble rester stable au cours du cycle menstruel. Comme pour l'entraînement, la phase lutéale semble favoriser la performance pour les efforts d'endurance. La période ovulatoire pourrait aider l'impulsivité et la compétitivité. D'autres paramètres de la performance comme la puissance des membres inférieurs, le sprint, la prise de risque ou le temps de réponse ne semblent pas influencés par le cycle menstruel. La nutrition, facteur majeur de la performance sportive nécessite un apport énergétique adéquat pour répondre aux besoins énergétiques de la sportive et en particulier de la cycliste. Pour les sportives de très haut niveau et bénéficiant d'un suivi nutritionnel rigoureux on peut recommander un apport glucidique plus important en phase lutéale (en raison d'une production plus importante de glycogène pendant l'exercice) ainsi qu'un apport protéique visant l'extrémité supérieure de la fourchette (en raison de l'action catabolique de la progestérone). Un apport nutritionnel inadapté à la pratique sportive est à l'origine du RED-S.

> Relative Energy Deficiency in Sport (RED-S)

L'augmentation de la pratique sportive chez la femme a mis en évidence des troubles liés à cette pratique. La « triade de l'athlète féminine » a été évoquée pour la première fois en 1992 par l'American Collège of Sports Medicine. Il regroupe des troubles alimentaires, des

troubles du cycle menstruel (le plus souvent une absence de règles) et une ostéoporose. En 2014 le nom de Relative Energy Deficiency in Sport (RED-S) a été proposé comme nouvelle dénomination. Ce nouveau terme introduit une vision plus globale des atteintes liées à une insuffisance d'apport calorique lors de la pratique d'un sport. En effet le déficit d'apport énergétique entraîne des conséquences touchant plusieurs systèmes (fonction thyroïdienne, neuropsychologique, digestive, cardiovasculaire, musculosquelettique, urogénitales, cutanées...).
La cause du RED-S est liée à un déficit d'apport énergétique dans le but d'améliorer son rapport poids puissance. Ainsi, lorsque les apports sont insuffisants, le maintien des fonctions primaires (fonctionnement cérébral, cardiaque, activité musculaire, etc.) se fait au détriment de celles plus secondaires (reproduction, croissance). En cas de suspicion de RED-S le bilan médical devra comporter : une consultation gynécologique, une consultation avec un nutritionniste ou diététicien, une évaluation de la composition corporelle et un bilan biologique.
Le meilleur des traitements de ce syndrome est sa prévention. Le traitement repose sur la physiopathologie de ce syndrome. On propose alors à l'athlète d'augmenter ses apports énergétiques avec pour objectif dans un premier temps une masse grasse aux alentours de 17 %.

PATHOLOGIES DU PÉRINÉE

Le périnée est une région anatomique définie par un contour osseux (bord inférieur du bassin) et au centre par des muscles (les muscles de l'espace périnéal profond en avant et le muscle releveur de l'anus en arrière). Le périnée contient des éléments vasculaires, neurologiques, du tissu conjonctif, de la peau et des muqueuses. Chaque élément constituant le périnée peut être à l'origine d'une pathologie : hématome (complication vasculaire), névralgie du pudendal (complication neurologique), biker nodule (complication du tissu conjonctif), kyste sébacé ou furoncle (complications cutanées). Chez la cycliste il existe une complication spécifique et très fréquente : le lymphœdème vulvaire.

MESURES PRÉVENTIVES POUR ÉVITER L'APPARITION D'UN LYMPHŒDÈME OU POUR LIMITER SON ÉVOLUTION

Antéversion de la selle de 2 à 3°.

Préférer les selles traditionnelles aux selles ajourées.

Relever la hauteur du cintre.

Étude posturale de qualité (attention particulière à l'asymétrie morphologique des membres inférieurs).

Diminuer les risques d'inflammation locale :
- utilisation d'un cuissard adapté et de qualité ;
- assurer une bonne hygiène locale ;
- douche après chaque sortie (eau froide sur la vulve) ;
- pas d'épilation ou de rasage, mais préférer une tonte avec une longueur de 2 à 3 cm.

Après chaque course ou chaque entraînement, application d'une cryothérapie périnéale pendant 20 minutes avec le dispositif ad hoc.

C'est la complication périnéale de la cycliste ! C'est la face cachée de la cycliste de haut niveau. Le lymphœdème vulvaire est très fréquent mais souvent peu évoqué peut-être encore en raison de l'atteinte de l'intimité et de l'intégrité féminine. Et pourtant, le meilleur traitement est préventif. Il faudrait très rapidement dans les écoles de cyclisme, encore plus avec le développement du cyclisme féminin, informer et prévenir les intervenants, les médecins d'équipe, sur les moyens préventifs à mettre en place pour éviter l'apparition de ce lymphœdème vulvaire. Les causes du lymphœdème vulvaire sont mal connues. Il est très probablement multifactoriel : anomalie de drainage lymphatique, inflammation, infection, mauvaise position sur la selle. Lorsque son volume est important, le lymphœdème vulvaire peut être gênant pour la pratique du cyclisme ou pour la vie privée de la femme (image corporelle, difficulté pour s'habiller...). Le traitement médical n'existe pas. Une fois le lymphœdème vulvaire installé, l'objectif de la prise en charge est de limiter son évolution par des mesures préventives. L'indication du traitement chirurgical doit être largement discutée avec la cycliste car les complications postopératoires sont fréquentes et à distance de l'intervention des séquelles types gênes, douleurs, préjudices esthétiques et récidives sont souvent rapportées.

Se sentir tout petit face à l'immensité des paysages.

INVITATION AU VOYAGE

Qui n'a jamais rêvé de partir à la conquête de vastes espaces vierges et inexplorés ? Après de premières expériences initiatiques en France, sautez les frontières suisse, italienne et espagnole pour découvrir des itinéraires d'exception et laissez-vous happer par le souffle de l'aventure.

01 LA VÉLIDÉALE

UNE AVENTURE CYCLABLE AU CŒUR DES BIODIVERSITÉS

L'été 2024 a marqué l'inauguration d'un nouvel itinéraire cyclable d'envergure nationale : la Vélidéale. Cette véloroute, qui s'étend sur 665 kilomètres, relie Royère-de-Vassivière en Creuse à Saint-Nazaire en Loire-Atlantique. Pensée comme un parcours « cyclo-positif », elle traverse des territoires d'exception, offrant une immersion totale dans des paysages variés et préservés.
Bikepacking, cyclotourisme ou autre appellation, ça n'a pas d'importance. L'essentiel est de partir à la découverte du patrimoine français.

L'itinéraire traverse six départements (Creuse, Haute-Vienne, Charente, Deux-Sèvres, Vendée et Loire-Atlantique) et cinq parcs naturels régionaux, dont le PNR Millevaches en Limousin, le PNR Périgord-Limousin, le PNR Marais Poitevin, le PNR de Brière et le futur PNR de Gâtine Poitevine.

Vers un tourisme responsable La Vélidéale est née d'une volonté collective de trente-six partenaires, réunissant deux régions, six départements, vingt-quatre communautés de communes et agglomérations, ainsi que quatre parcs naturels régionaux.
Cette véloroute se positionne comme un référent de la biodiversité et d'un nouveau tourisme. Elle incarne une vision engagée des transitions écologiques et de la préservation de la biodiversité. L'ADN aquatique prédomine tout au long du parcours, offrant une succession de paysages marqués par l'océan, les lacs, les fleuves et les voies d'eau.

La vélidéale, un voyage éco-responsable.
© La Vélidéale

Un voyage accessible à la rencontre de la biodiversité.
© La Vélidéale / Sébastien Laval

DES ÉTAPES REMARQUABLES À NE PAS MANQUER

De Vassivière à Confolens

Le parcours débute au lac de Vassivière, traversant des paysages vallonnés du Limousin. Les premiers kilomètres en Creuse représentent une portion modeste mais significative de 10 kilomètres. L'itinéraire rejoint ensuite Confolens en suivant la vallée de la Vienne, pour aller à la rencontre de la ville qui accueille un festival international de danses et musiques du monde.

De Confolens à Niort

Cette section traverse des campagnes verdoyantes, ponctuées de châteaux et de villages de caractère. Vous pourrez admirer les boucles de la Sèvre niortaise et découvrir la Gâtine poitevine, futur parc naturel régional. Le parcours est jalonné de jardins remarquables, notamment à Saint-Marc-la-Lande et Soutiers, ainsi que de nombreux espaces naturels protégés.

De Niort à Saint-Nazaire

La dernière portion du parcours offre une diversité de paysages, incluant la traversée du Marais poitevin. Prenez le temps d'une pause à Parthenay, surnommée « la petite Carcassonne de l'Ouest », ou pour explorer Bressuire et son château. L'itinéraire se termine à Saint-Nazaire, offrant une arrivée spectaculaire sur l'océan Atlantique.

La Vélidéale représente ainsi bien plus qu'un simple itinéraire cyclable : c'est une invitation à découvrir autrement les richesses naturelles et patrimoniales du Grand Ouest français, tout en privilégiant un tourisme respectueux de l'environnement. Ce voyage à vélo ouvre sans aucun doute de nouvelles perspectives pour le cyclotourisme en France.

LES INFOS POUR UN VOYAGE SANS SOUCI

Pour faciliter l'accès à l'itinéraire, de nombreuses gares SNCF jalonnent le parcours. Depuis Paris, les différents points d'entrée ne manquent pas : Limoges en 3 h 30, Niort en 2 h 38, ou Saint-Nazaire en 3 h 22. Le transport des vélos est possible sur réservation dans les trains, moyennant un supplément pour les TGV et Intercités.

Pour les arrêts, vous avez l'embarras du choix avec des campings, hôtels, gîtes. À moins que vous privilégiiez l'option bivouac et tente.

RECOMMANDATIONS TECHNIQUES

Le vélo idéal ? Probablement celui que vous avez déjà ! La Vélidéale est un parcours essentiellement sur piste cyclable. Prévoyez juste de quoi réparer une crevaison (apprenez à le faire avant de partir si ce n'est pas le cas).

LA BONNE PÉRIODE

Même si l'hiver et l'automne sont des périodes sympas pour rouler, la Vélidéale se prête parfaitement à une pratique printanière ou estivale. Attention à l'été et à une éventuelle vague de canicule. Une veste de pluie n'est jamais superflue également.

N'oubliez pas la crème solaire et l'anti-moustiques ! Et pourquoi pas des vêtements filtrant les UV.

Pour plus d'informations rendez-vous sur le site de la Vélidéale

02 LE SUNDGAU

BIENVENUE AU PARADIS !

Décidément, la France regorge de territoires peu connus et pourtant propices au vélo.

Le Sundgau coche parfaitement les cases d'un paradis du vélo où vous pourrez faire vos premiers tours de roue en Gravel et affiner votre technique avant de vous lancer dans de longues aventures dans d'autres contrées.

Mais d'abord… c'est où ? Le Sundgau est un petit territoire dans le Sud Alsace. Visualisez Mulhouse et descendez un peu, voilà, vous y êtes.

Le Sundgau est délimité au sud par la frontière suisse et les contreforts du Jura, à l'est par la vallée du Rhin près de Bâle, au nord par Mulhouse, et à l'ouest par la trouée de Belfort. Son territoire de 663 km² se caractérise par un paysage vallonné couvert de forêts de pins, hêtres et chênes, de vergers, de pâturages et d'étangs.

Le nom « Sundgau » vient de l'alémanique « Sunt-gowe » signifiant « comté du Sud ». La région fut d'abord occupée par les Alamans puis par les Francs après la bataille de Tolbiac en 496.

La ville d'Altkirch avec 70 000 habitants environ n'en est pas seulement le chef-lieu, elle abrite également le duo de bikefitting parmi les plus renommés ; le podologue Marc Retali et l'ergonome Lucas Leblond.

Le Sundgau est un territoire injustement méconnu.
© Sundgau Tourisme

RECOMMANDATIONS TECHNIQUES

Un Gravel ou un Allroad fonctionnera parfaitement ici. Le terrain et les parcours ne recèlent aucune difficulté technique ou piège. Des pneus de 40 mm feront parfaitement l'affaire.

Tous les parcours et infos sont disponibles sur le site de l'office du tourisme du Sundgau et sur leur page Komoot.

Office du tourisme

Page Komoot

Il se trouve que l'office du tourisme du Sundgau est dirigé par un fana de Gravel qui met un point d'honneur à rouler reconnaître et baliser lui-même l'un des neuf parcours disponibles sur le site de l'office de tourisme, mais aussi le tour du Sundgau (185 km) et le petit tour du Sundgau (148 km).

Le Sundgau est un pays de collines propices à de beaux parcours, parsemé de villages alsaciens typiques et leurs clochers non moins pittoresques. Pas de place non plus pour la lassitude, le paysage possède cette étrange capacité à rester lui-même tout en étant jamais exactement le même. Vous avancerez donc de surprises en ravissement, jamais rassasiés.

Vous arpenterez des paysages bucoliques où s'égrènent de coquettes maisons à colombages, des chapelles oubliées sans oublier la source de l'Ill.

En haut, à droite
De larges pistes roulantes, c'est ça le Sundgau.
© Sundgau Tourisme

Ci-contre
Des routes secondaires ou pistes roulantes pour voyager en famille.
© Sundgau Tourisme / Fabien Voileau

03 LE TOUR DE CREUSE

UNE ÉCHAPPÉE BELLE AU CŒUR DE LA FRANCE SECRÈTE

La Creuse… oui oui c'est un département français. Certes, ce n'est pas le plus connu mais si vous cherchez une destination qui s'apparente à un petit paradis du vélo… Bienvenue en Creuse !
Le département propose différentes versions sur la route, en VTT ou en Gravel. À vous de déterminer le mélange qui vous convient le mieux. Il n'existe pas exactement de version Gravel, mais disons que les parcours VTT sont accessibles en Gravel à condition d'accepter d'être un peu secoué par moments. Pas de panique, ça ne dure jamais très longtemps.

SUR LA ROUTE, UNE BOUCLE BUCOLIQUE DE 327 KILOMÈTRES

Inauguré en 2018, cet itinéraire de 327 kilomètres traverse le département le plus à l'est de la Nouvelle-Aquitaine, offrant une immersion totale dans des paysages préservés. Loin des grands axes, le parcours dévoile un territoire méconnu fait de bocages vallonnés, de forêts de feuillus, de vallées profondes et de hameaux en granit bordés de murs en pierre sèche.

La Creuse est faite de 1 000 trésors cachés.
© Creuse Tourisme

Cette véloroute s'inscrit dans une volonté de valorisation touristique d'un territoire authentique, deuxième département le moins peuplé de France. L'itinéraire a été pensé pour emprunter des routes à très faible trafic, permettant aux cyclistes de profiter pleinement des paysages sans stress lié à la circulation. Le parcours est entièrement balisé avec une signalétique verte et blanche reconnaissable.

> Les étapes incontournables

• De Crozant à Bénévent-l'Abbaye (48 km)
Le parcours débute à Crozant, village dominé par sa forteresse médiévale et point d'entrée de la célèbre vallée des peintres qui inspira notamment Claude Monet. L'itinéraire mène ensuite à La Souterraine, cité médiévale aux nombreux trésors, avant d'atteindre Bénévent-l'Abbaye et son abbatiale du XIIe siècle.

• De Bénévent-l'Abbaye à Royère de Vassivière (72 km)
Cette étape plus exigeante traverse des paysages variés jusqu'au lac de Vassivière.

• D'Aubusson à Chambon-sur-Voueize (49 km)
Le parcours fait la part belle au patrimoine avec la découverte d'Aubusson, ville célèbre pour sa tapisserie et labellisée « Plus Beaux Détours de France ».
Le retour vers Crozant s'effectue via Boussac et son château historique, offrant des panoramas exceptionnels sur les contreforts du Massif central.

À gauche
Un autre rythme de vie. © Creuse Tourisme

À droite
Les montées ne sont jamais très longues. © Creuse Tourisme

Le parcours se connecte également à d'autres véloroutes comme l'Indre à Vélo et la Vélidéale, permettant d'envisager des itinéraires plus ambitieux. Le Tour de Creuse à vélo représente une occasion de découvrir un territoire préservé où le temps semble s'être arrêté. Entre patrimoine historique et nature sauvage, cette véloroute offre une expérience cyclotouristique authentique au cœur d'une France méconnue.

EN GRAVEL OU EN VTT, LA GT23 : UNE TRAVERSÉE LABELLISÉE FFC

La Grande Traversée de la Creuse (GT23) fait partie des 15 Grandes Traversées VTT® labellisées par la Fédération française de cyclisme. Cet itinéraire propose deux options principales : une petite boucle de 265 km et une grande boucle de 410 km, avec une variante nord portant le parcours à 510 km.

> La Petite Boucle (265 km – 4 500 D+)

Au départ de La Souterraine, cette boucle permet de découvrir les monts de Guéret, combinant chemins ruraux et singles forestiers. L'itinéraire traverse de nombreux villages typiques et offre des panoramas spectaculaires sur la campagne creusoise.

La Grande Boucle (410 km - 8 100 D+)

Plus ambitieuse, elle étend l'exploration vers Aubusson, le plateau de Millevaches et le lac de Vassivière. Une variante nord de 510 km permet de découvrir également Boussac et l'étonnant site des Pierres Jaumâtres.

La Grande Traversée de la Creuse offre ainsi une expérience complète d'itinérance à vélo, adaptable selon le niveau technique et les préférences de chacun, tout en garantissant une immersion totale dans les paysages préservés du département.

Ci-contre et page de droite
Les parcours proposent une combinaison de routes secondaires et chemins.
© Creuse Tourisme

LES INFOS POUR UN VOYAGE RÉUSSI

La période idéale s'étend du printemps à l'automne. Avec des dénivelés cumulés importants, il est préférable d'éviter les fortes chaleurs estivales pour profiter pleinement des montées qui peuvent atteindre 200 mètres de dénivelé. N'oubliez pas que c'est un territoire rural où les possibilités de ravitaillement sont parfois rares. En revanche, vous ne manquerez jamais d'eau et vous serez surpris par la gentillesse des gens du pays.

Deux lignes de train desservent l'itinéraire :
- la ligne Paris-Orléans-Limoges-Toulouse (arrêt à La Souterraine) ;
- la ligne Montluçon-Felletin (arrêt à Aubusson).

Il est fortement recommandé de réserver ses hébergements assez tôt, particulièrement dans les zones touristiques.

GT23, RECOMMANDATIONS TECHNIQUES

Le choix du vélo est important pour vous assurer de profiter au maximum des merveilles proposées par la Creuse. Voici quelques recommandations :

VÉLO

Un Gravel ou même un VTT Semi-rigide est idéal pour ce parcours. Même si la Creuse n'est pas connue pour ses dénivelés vertigineux et son terrain technique, vous trouverez quand même de quoi vous faire secouer par endroits.

PNEUS

Prévoyez de partir avec les pneus les plus larges possibles, même plus large à l'avant pour filtrer au maximum les vibrations. Optez donc pour des pneus d'une largeur comprise entre 40 et 50 mm. Cette largeur offre un bon équilibre entre confort, adhérence et résistance au roulement. Des pneus tubeless sont recommandés pour mieux gérer les crevaisons mais aussi conserver du grip et rouler en **sécurité.**

TRANSMISSION

Privilégiez une transmission avec un grand ratio, incluant un petit plateau (par exemple 30 ou 32 dents) et une grande cassette (jusqu'à 42 dents) pour affronter les montées les plus raides. Ça ne dure jamais longtemps, mais c'est parfois raide, sur un terrain irrégulier.

FREINS

Les freins à disque sont plus puissants et précis, à privilégier donc.

SACOCHES

Optez pour un kit de sacoches le plus léger possible.

ÉCLAIRAGE

Prévoyez de quoi vous éclairer si vous partez tôt ou si vous pensez rouler de nuit. Une frontale est très utile.

NAVIGATION

Le GPS est indispensable pour suivre la trace. En complément, votre téléphone fournit d'autres informations.

LA BONNE PÉRIODE

La Creuse bénéficie d'un climat océanique, modéré par les reliefs montagneux à l'est et au sud qui bloquent une partie des pluies atlantiques. Les températures moyennes varient de 0,2 °C en février à 20,3 °C en juillet. Décembre est le mois le plus pluvieux avec environ 150 mm de précipitations, contrastant avec janvier qui n'en reçoit que 20 mm. Un manteau neigeux recouvre régulièrement la Haute-Creuse de fin décembre à fin février. L'ensoleillement est particulièrement généreux en été avec 830 heures, dépassant la moyenne nationale. Cette configuration climatique favorise une végétation verdoyante qui résiste même aux périodes de canicule.

Dans tous les cas, il est essentiel de prévoir des vêtements adaptés :
- un coupe-vent imperméable léger ;
- des manchettes et jambières (selon la période) ;
- une veste de pluie (même en été).

Avant de partir, un coup d'œil à windy.com (disponible sur mobile) permet de voir l'évolution sur plusieurs jours et visualiser les endroits à précipitations.

Pour plus d'informations rendez-vous sur le site de l'office du tourisme de Creuse

04 LE CHALLENGE DU TOURMAGNE

UNE ÉPOPÉE FANTASTIQUE À TRAVERS LE TEMPS ET LA FRANCE

Réinventé en 2023, le Tourmagne est rapidement devenu un incontournable du voyage en Gravel. Un défi à la fois de taille, 900 kilomètres pour 10 000 mètres de dénivelé entre Melun et Nîmes, mais accessible et réalisable. Pas de classement, donc chacun est libre de le faire à son allure. Ce voyage à vélo vous fera traverser des paysages variés, des forêts denses aux plateaux volcaniques, en passant par des villages pittoresques et des villes historiques.

Pourquoi réinventé ? Le Tourmagne est un challenge de bikepacking inspiré par un voyage historique réalisé en 1897 par deux pionniers du cyclotourisme, Léon Giran-Max et Marie-Antoine Barret, qui ont traversé la France à vélo, de Melun à Nîmes.
Les deux compères ont eu l'idée géniale de consigner leur voyage, avec textes et croquis. Le journal de bord illustré de ce voyage a été retrouvé par hasard dans une librairie parisienne par Patrice Brunet, ancien P.-D.G. de Zéfal, une marque d'accessoires pour vélo basée à côté d'Orléans. Matthieu Brunet, fils de Patrice et actuel P.-D.G. de Zéfal, a eu l'idée de créer un

Le Tourmagne, une traversée historique à travers la France.
© Tourmagne / Christophe Fajardo

Un périple à la rencontre du patrimoine français.
© Tourmagne / Christophe Fajardo

challenge moderne basé sur cet itinéraire historique. C'est ainsi qu'est né en 2023, le challenge du Tourmagne. Le nom fait référence à la tour Magne de Nîmes, point d'arrivée du parcours, et joue sur les mots « tour » (voyage) et « magne » (grand en latin).

Voici un résumé de ce qui vous attend et le découpage possible de vos étapes.
Au moment de votre inscription (gratuite) au challenge du Tourmagne, vous recevrez toutes les infos et bons plans hébergements et restauration sur le parcours, ainsi qu'un accès au groupe Telegram des participants. L'occasion de partager et surtout d'aller à la pêche aux infos avant le grand départ.

LES ÉTAPES

> Étape 1 : Melun – Châtillon-sur-Loire (environ 150 km)

Votre périple débute à Melun, une charmante ville située au sud-est de Paris. Avant de partir, prenez le temps de visiter le château de Vaux-le-Vicomte, un joyau architectural du XVIIe siècle qui a inspiré la construction de Versailles. C'est l'occasion parfaite pour vous imprégner de l'histoire de France avant de vous lancer sur les routes.

En quittant Melun, vous vous dirigez vers le sud, traversant la forêt de Fontainebleau. Profitez-en pour admirer les fameux rochers de Fontainebleau, paradis des grimpeurs du monde entier. Votre route vous mènera ensuite à travers le Gâtinais, une région vallonnée aux paysages champêtres.

Vous passerez par Montargis, surnommée la « Venise du Gâtinais » en raison de ses nombreux canaux. Si vous avez le temps, flânez dans ses rues pittoresques et goûtez aux célèbres pralines, ces amandes caramélisées inventées ici au XVIIe siècle.
Votre première étape s'achèvera à Châtillon-sur-Loire, située au bord de la Loire. Ne manquez pas de visiter le pont-canal, un ouvrage d'art impressionnant qui permet au canal latéral à la Loire de franchir le fleuve.

> Étape 2 : Châtillon-sur-Loire – Nevers (environ 100 km)

Cette deuxième étape vous fera longer la Loire, le plus long fleuve de France. Vous traverserez le vignoble de Pouilly-sur-Loire, réputé pour ses vins blancs. N'hésitez pas à faire une dégustation (avec modération !) dans l'un des nombreux domaines viticoles de la région. Vous passerez ensuite par La Charité-sur-Loire, ville médiévale classée au patrimoine mondial de l'UNESCO. Son prieuré clunisien et son pont de pierre méritent une visite. Votre journée se terminera à Nevers, ville d'art et d'histoire. Ne manquez pas sa cathédrale Saint-Cyr-et-Sainte-Julitte, mélange unique de styles roman et gothique, ainsi que le palais ducal, superbe exemple d'architecture civile de la Renaissance.

> Étape 3 : Nevers – Charroux (environ 130 km)

Cette étape vous fera quitter la Loire pour entrer dans le Bourbonnais. Vous traverserez Moulins, ancienne capitale des ducs de Bourbon, dont le centre historique mérite une visite.
Votre destination du jour sera Charroux, classé parmi les plus beaux villages de France. Ce village médiéval, avec ses ruelles pavées et ses maisons à colombages, vous plongera dans une autre époque. Ne manquez pas de goûter à la moutarde locale, une spécialité réputée.

La traversée de l'Auvergne.
© Tourmagne / Christophe Fajardo

> Étape 4 : Charroux – Clermont-Ferrand (80 km)

Sur cette étape, vous entrerez en Auvergne, terre de volcans endormis. Votre route vous mènera à travers la chaîne des Puys, offrant des panoramas spectaculaires sur les cônes volcaniques, non sans rappeler une publicité pour une eau minérale. Votre étape se terminera à Clermont-Ferrand, capitale de l'Auvergne. La ville est dominée par la cathédrale Notre-Dame-de-l'Assomption, construite en pierre de lave noire. Si vous avez le temps, montez au sommet du puy de Dôme pour une vue imprenable sur la région. L'ascension se fait avec un petit train ou à pied par le chemin des muletiers, en haut du col de Ceyssat, où se trouvent également une délicieuse auberge et une non moins délicieuse truffade (un mélange de tome de cantal, de pomme de terre et d'ail).

> Étape 5 : Clermont-Ferrand – Massiac (environ 100 km)

Cette étape vous fera traverser le Parc naturel régional des Volcans d'Auvergne. Vous passerez au pied du puy Mary, l'un des plus beaux volcans d'Auvergne, avant de descendre vers le Cantal. Votre journée s'achèvera à Massiac, petite ville située au carrefour des gorges de l'Alagnon et de la vallée de l'Alagnon. C'est l'occasion de goûter à la gastronomie auvergnate, réputée pour ses fromages et ses charcuteries.

> Étape 6 : Massiac – La Garde (environ 120 km)

Vous quitterez le Cantal pour entrer en Lozère. Cette étape vous fera traverser la Margeride, un massif granitique aux paysages sauvages. Vous passerez par Saint-Flour, ville médiévale perchée sur un éperon rocheux, qui mérite un arrêt. Votre destination du jour, La Garde, est un petit village typique de la région. Vous y profiterez du calme et de l'authenticité de la campagne lozérienne.

À gauche
Un parcours entre petites routes et pistes. © Tourmagne / Christophe Fajardo

À droite
Attention aux conditions changeantes. © Tourmagne / Christophe Fajardo

RECOMMANDATIONS TECHNIQUES

Pour relever le Challenge du Tourmagne dans les meilleures conditions, voici quelques recommandations matérielles :

VÉLO

Optez pour un Gravel robuste et polyvalent. Choisissez des pneus d'au moins 40 mm de large pour plus de confort et d'adhérence sur la multitude de chemins variés que vous rencontrerez. Une transmission avec un grand ratio vous aidera dans les montées des Cévennes. Pour vous aider, revoir le chapitre sur les transmissions.

BAGAGERIE

Privilégiez un setup de bikepacking léger. Une sacoche de cadre, une sacoche de guidon et une sacoche de selle devraient suffire pour transporter l'essentiel. N'oubliez pas les sacoches étanches pour protéger vos affaires en cas de pluie. Une petite sacoche de top tube peut être utile pour garder à portée de main vos en-cas et votre téléphone. Un petit sac à dos sera également utile.

VÊTEMENTS

Prévoyez des vêtements adaptés à différentes conditions météorologiques. Un coupe-vent imperméable, des manchettes et des jambières sont indispensables. N'oubliez pas un maillot à manches longues pour les fraîches matinées en altitude. Des vêtements techniques à séchage rapide sont préférables. Documentez-vous sur les conditions météo et surtout, sur l'amplitude des températures.

ACCESSOIRES

Un GPS est évidemment obligatoire pour suivre l'itinéraire sans encombre. Chargez la trace GPX du parcours avant de partir. Pensez aussi à emporter une batterie externe pour recharger vos appareils, une lampe frontale pour les tunnels ou les arrivées tardives, et un antivol léger.

OUTILS ET PIÈCES DE RECHANGE

Une trousse à outils complète est indispensable. Prévoyez un *multi-tool* avec clés Allen, tournevis et dérive-chaîne, des démonte-pneus, une pompe portable, et un kit de réparation tubeless si vos pneus sont montés sans chambre. Emportez quelques pièces de rechange comme des chambres à air, des patins ou plaquettes de frein, des maillons de chaîne rapides, et des câbles de dérailleur et de frein.

LA BONNE PÉRIODE

La meilleure période pour entreprendre le Challenge du Tourmagne se situe entre mi-mai et fin septembre. Voici quelques considérations pour chaque saison :

PRINTEMPS (MI-MAI À JUIN)

C'est une excellente période, offrant des températures douces et des paysages verdoyants. Les journées s'allongent, vous permettant de rouler plus longtemps. Cependant, gardez à l'esprit que les averses sont encore fréquentes, surtout dans les régions montagneuses.

ÉTÉ (JUILLET À AOÛT)

Les jours sont longs et généralement ensoleillés, idéaux pour de longues journées de vélo. Cependant, la chaleur peut être intense, surtout dans le Sud. Prévoyez de partir tôt le matin et faites des pauses aux heures les plus chaudes. C'est aussi la haute saison touristique, les hébergements peuvent être plus chers et plus difficiles à trouver.

DÉBUT D'AUTOMNE (SEPTEMBRE)

C'est peut-être la période idéale. Les températures sont agréables, la lumière est magnifique et les paysages se parent de couleurs automnales. Les touristes sont moins nombreux, rendant les routes plus calmes.

Quelle que soit la période choisie, surveillez les prévisions météo et adaptez votre équipement en conséquence. Dans les zones montagneuses (Auvergne, Cévennes), le temps peut changer rapidement. Soyez prêts à affronter différentes conditions une même journée.

Pour plus d'informations rendez-vous sur le site du Challenge du Tourmagne

Ci-dessus
La diversité des paysages français.
© Tourmagne / Christophe Fajardo

Ci-contre
De quoi rompre la monotonie !
© Tourmagne / Christophe Fajardo

> Étape 7 : La Garde – Mende (environ 85 km)

Cette étape plus courte vous permettra de récupérer un peu. Vous traverserez le causse de Mende, un plateau calcaire typique des Grands Causses. Les paysages deviennent plus arides, ponctués de dolmens et de menhirs témoignant d'une occupation humaine très ancienne. Vous arriverez à Mende, préfecture de la Lozère. Ne manquez pas de visiter sa cathédrale Notre-Dame-et-Saint-Privat, dont les clochers asymétriques sont caractéristiques.

> Étape 8 : Mende – Le Pompidou (environ 80 km)

Vous traverserez le Parc national des Cévennes, classé au patrimoine mondial de l'UNESCO. Les paysages deviennent plus escarpés, alternant entre forêts denses et vallées profondes. Le Pompidou, votre destination du jour, est un petit village cévenol typique. C'est l'occasion de découvrir l'architecture traditionnelle en pierre schisteuse de la région.

> Étape 9 : Le Pompidou – Nîmes (environ 100 km)

Pour cette dernière étape, vous quitterez les Cévennes pour descendre vers la plaine languedocienne. Les paysages changent radicalement, devenant plus méditerranéens avec leurs garrigues et leurs oliviers. Vous passerez à proximité du pont du Gard, chef-d'œuvre de l'architecture romaine que vous pourrez admirer si vous faites un petit détour. Enfin, vous arriverez à Nîmes, votre destination finale. La ville romaine par excellence vous accueille avec ses monuments antiques exceptionnellement bien conservés : les arènes, la Maison Carrée, la tour Magne qui donne son nom au challenge. Cette dernière vous attend au sommet du mont Cavalier. C'est l'occasion de contempler le chemin parcouru et de célébrer votre exploit !

05 LA ROUTE DES GRANDES ALPES® EN GRAVEL

UNE AVENTURE À TRAVERS LES PLUS BEAUX COLS ALPINS DE FRANCE

La Route des Grandes Alpes® version Gravel est un itinéraire exceptionnel de 857 kilomètres reliant Thonon-les-Bains à Nice, offrant un défi unique pour partir à l'assaut des cols alpins. Avec ses 28 000 mètres de dénivelé positif, ce parcours traverse les plus beaux paysages des Alpes françaises en alternant routes secondaires et chemins d'altitude. Cette version Gravel de l'itinéraire historique, finalisée à l'été 2023, propose une approche plus sauvage et authentique de la traversée des Alpes.

LES INCONTOURNABLES DU PARCOURS

Le parcours traverse trois parcs nationaux emblématiques : Vanoise, Écrins et Mercantour. Vous aurez alors à découvrir une succession de paysages grandioses, des sommets enneigés aux vallées verdoyantes, en passant par des alpages fleuris où paissent les troupeaux.

Préparez-vous à en prendre plein les yeux. © Charlotte Martin

Un voyage à faire en été. © Communauté de communes de Serre-Ponçon / Kina photo

> Les villes et stations en chemin

– Thonon-les-Bains : point de départ sur les rives du Léman
– Morzine : station-village authentique au cœur du Chablais
– Le Grand Bornand : étape de charme dans les Aravis
– La Clusaz : village ravissant, animé et agréable, avec son église baroque et son célèbre clocher à bulbe
– Arêches-Beaufort : son fameux beaufort d'alpage, à (re)découvrir à la coopérative laitière
– Bourg-Saint-Maurice : bourg typique de Savoie, où une étape sera la bienvenue avant l'ascension vers Tignes puis le col de l'Iseran
– Le Monal : ses chalets traditionnels et sa vue sur le mont Pourri
– Val-d'Isère : porte d'entrée du parc de la Vanoise
– Bonneval-sur-Arc : classé « Plus beau village de France », ses chalets en pierre, avec leurs toitures couvertes de lauzes
– Les charmants villages de Haute Maurienne de Bessans à Aussois, et les fortifications de l'Esseillon
– Valloire-Galibier : sans doute l'un des villages les plus authentiques de la Maurienne
– Névache : situé dans la bucolique vallée de la Clarée où les mélèzes se parent d'or à l'automne
– Briançon : cité Vauban classée au patrimoine mondial de l'UNESCO
– Crévoux : une étape hors du temps
– Barcelonnette : une petite ville pleine de charme, avec ses étonnantes villas mexicaines
– Marie : village médiéval perché sur son éperon rocheux
– Coaraze : classé « Plus beau village de France »
– Nice : arrivée face à la Méditerranée

> Les cols mythiques

Qui dit Route des Grandes Alpes® dit cols mythiques, en voici quelques-uns parmi le florilège de cols qu'offre cet itinéraire où démesure et émerveillement se conjuguent pour notre plus grand plaisir..

Col de la Colombière

Il faudra vous armer de patience et bien gérer votre effort dans cette longue ascension de 17 kilomètres avec plus de 1 000 mètres de dénivelé positif. Classé hors catégorie sur le Tour de France, le col de la Colombière est un col emblématique des Alpes françaises situé en Haute-Savoie, dans le massif des Bornes. Culminant à 1 613 mètres d'altitude, il relie la vallée de l'Arve au massif des Aravis.

Col de l'Iseran

Le col de l'Iseran, inauguré le 10 juillet 1937, est le plus haut col routier des Alpes, culminant à 2 764 mètres d'altitude. Situé dans le département de la Savoie, aux portes du Parc national de la Vanoise, il relie les vallées de la Maurienne et de la Tarentaise. Son ascension est exigeante, mais ô combien récompensée par la plongée sur Bonneval-sur-Arc qui offre des paysages magnifiques !

À gauche
Le parcours recèle de petites surprises.
© Charlotte Martin

À droite
Vous allez collectionner les cols mythiques.
© Charlotte Martin

Ci-contre
Tout cela sous l'œil des montagnes, plus hautes encore.
© Charlotte Martin

Col du Galibier

La version Gravel n'y passe pas et lui préfère bien entendu un itinéraire plus « nature » par le col des Rochilles et une bascule dans la vallée de la Clarée. Si vous souhaitez coûte que coûte inscrire ce col mythique à votre tableau de chasse, vous pouvez profiter d'une journée « détente » à Valloire pour faire un aller-retour au col (18 km, 1 230 m+). Sinon, vous pouvez également le franchir et rejoindre Briançon par le col du Lautaret et la route.

Le col du Galibier, construit à partir de 1880, fut achevé en 1891 avec le percement d'un tunnel à 2 543 mètres d'altitude. En 1976, la route s'est élevée de 99 mètres supplémentaires pour atteindre le véritable col géologique à 2 642 mètres. Le tunnel, initialement percé en 1886 par les militaires, a été fermé en 1976 pour des raisons de sécurité avant de rouvrir en 2002, mais reste interdit aux cyclistes. Le Galibier marque la frontière géographique entre les Alpes du Nord et du Sud. Il offre un panorama exceptionnel sur le massif des Grandes Rousses au nord et le massif des Écrins au sud. Quatrième plus haut col routier des Alpes françaises, il est connu pour ses conditions météorologiques capricieuses et imprévisibles.

Col d'Izoard

L'itinéraire Gravel suit la route, à l'exception d'une petite portion sur piste. Le profil est plutôt changeant, mais à partir du onzième kilomètre, les pourcentages avoisinent souvent les 8 % avec un maximum à 11 %. La belle série de lacets offre un final esthétique comme seuls ces passages de grands cols de montagne en réservent. Fréquemment emprunté par le Tour de France cycliste, l'Izoard est aussi une des difficultés majeures que doivent affronter les triathlètes du célèbre Embrunman. Ce col est également réputé pour la Casse Déserte et ses reliefs lunaires que l'on découvre sur son versant méridional. Dans la descente, en passant devant les stèles en hommage à Fausto Coppi et Louison Bobet, ayez une pensée pour ces coureurs de légende qui, dans les années cinquante, ont franchi ces grands cols non asphaltés... Gravel avant l'heure !

Cime et col de la Bonette

L'accès à la cime de la Bonette (2 808 m), par la plus haute route asphaltée de France, se mérite ! Cette route relie la vallée de l'Ubaye (Alpes-de-Haute-Provence) à celle de la Tinée (Alpes-Maritimes) par le col de la Bonnette (2 715 m) à partir duquel elle effectue une boucle entière autour de la cime. Les paysages désertiques et lunaires sont époustouflants. Depuis la route, n'hésitez pas à poser le vélo et à emprunter un petit sentier, jusqu'à une table d'orientation et sa vue imprenable sur le mont Viso.

Ci-dessus
Pas le temps de s'ennuyer sur ce parcours !
© Charlotte Martin

Page de droite, en haut
Enfin l'arrivée à la plage de Nice.
© Charlotte Martin

En bas
Un voyage pour prendre le temps.
© Communauté de communes de Serre-Ponçon / Kina photo

LES INFOS POUR UN VOYAGE RÉUSSI

Pour profiter pleinement de l'expérience, il est recommandé de prévoir au minimum 10 jours, idéalement deux semaines. Le parcours est divisé en 19 tronçons de 36 à 59 km, permettant une progression adaptée au niveau de chacun.

- Thonon-les-Bains – Morzine 51,2 km, 1 600 m+
- Morzine – Cluses 52,6 km 1 770 m+
- Cluses – Col de la Colombière – Le Grand Bornand 40 km, 1 880 m+
- Le Grand Bornand – Col des Aravis – Flumet 41,6 km, 1 560 m+
- Flumet – Arêches-Beaufort 40,8 km, 1 510 m+
- Arêches-Beaufort – Cormet d'Arêches – Bourg-Saint-Maurice 38,5 km, 1 390 m+
- Bourg-Saint-Maurice – Tignes 41,5 km, 2 020 m+
- Tignes – Col de la Fresse – Col de l'Iseran – Bessans 51,8 km, 1 610 m+
- Bessans – Modane 38 km, 720 m+
- Modane – Valloire 36,1 km, 1 310 m+
- Valloire – Col des Rochilles – Briançon 52 km, 1 170 m+
- Briançon – Col d'Izoard – Guillestre 50,8 km, 1 860 m+
- Guillestre – Risoul 1850 – Col de Valbelle – Crévoux 46,5 km, 1 990 m+
- Crévoux – Barcelonnette 44,2 km, 1 190 m+
- Barcelonnette – Cime de la Bonette – Col de la Moutière – Saint-Dalmas-le-Salvage 52,5 km, 1 740 m+
- Saint-Dalmas-le-Salvage – Marie 45,4 km, 180 m+
- Marie – Col de la Comiane – La Bollène-Vésubie 43,3 km, 1 340 m+
- La Bollène-Vésubie – Col de Turini – Col Saint-Roch – Coaraze 55,2 km, 1 830 m+
- Coaraze – Col du Dragon – Col de Fuont Blanca – Nice 46,9 km, 1 050 m+

RECOMMANDATIONS TECHNIQUES

VÉLO

Un Gravel ou même un Allroad sera parfait pour affronter les cols des Alpes. Avec des pneus de 40 à 45 mm, tubeless, il faudra veiller à avoir des braquets adaptés pour mener à bien les longues ascensions avec le chargement. Un double plateau de 46/30 et une cassette jusqu'à 36 est un minimum. Si vous souhaitez avoir un ratio plus faible, il faudra passer en mono plateau avec un plateau de 38, voir 36 ou même 34, et une cassette en 44 dents, ou même 52 dents. Avec ça, vous passerez les pourcentages les plus rudes sur le vélo.

OÙ DORMIR

Selon vos préférences, les options de repos vont de l'hôtel au bivouac sauvage, au camping en passant par les gîtes ou Airbnb. À vous de choisir quoi emmener et donc les sacoches qui conviennent. N'oubliez pas que le poids est le principal ennemi du cycliste en montagne.

VÊTEMENTS

Soyez très prudent avec la météo et les amplitudes thermiques. La montagne reste imprévisible et impitoyable, donc manchettes et jambières, tour de cou, veste de pluie, doudoune doivent figurer dans vos indispensables.

OUTILLAGE

N'oubliez pas votre outillage habituel pour les réparations usuelles. Au cas où, sachez que vous traverserez des territoires où les magasins de vélos ne manquent pas.

LA BONNE PÉRIODE

La meilleure période pour entreprendre ce périple se situe entre mi-juin et mi-octobre. Les « ailes de saison » sont particulièrement recommandées : de mi-juin à mi-juillet et de fin août à mi-octobre. Il est conseillé d'éviter le mois d'août en raison de la forte affluence touristique.

Certains cols comme le Galibier, l'Iseran ou l'Izoard ne sont accessibles qu'à partir de la mi-juin, parfois même après le 20 juin selon l'enneigement. Il est impératif de vérifier l'état des cols avant le départ, la météo en montagne pouvant être capricieuse même en été.

Pour plus d'informations rendez-vous sur le site de La Route des Grandes Alpes®

06 TORINO NICE RALLY

ENTRE DÉFIS ET ÉMERVEILLEMENT

Le Torino Nice Rally, créé par James Olsen, est à but non lucratif et soutient une fondation de recherche caritative, Smart Shelter Foundation. L'intégralité de l'argent récolté grâce au soutien des participants et des sponsors est reversée à la fondation.
L'itinéraire n'est pas censé être trop difficile techniquement, mais il y a quelques sections qui ne sont pas faciles. La plus difficile est la Strada dei Cannoni, cette portion accidentée est un vrai test pour le vélo et le cycliste. Gros pneus indispensables ! Les quelques parties où il faut pousser le vélo sont également éprouvantes, notamment à plus de 2 000 mètres d'altitude, mais les récompenses sont presque toujours au rendez-vous.

Votre périple commencera dans la majestueuse ville de Turin, capitale du Piémont. Avant de vous élancer sur les routes, prenez le temps de flâner dans ses rues élégantes et de goûter à un authentique expresso italien. Vous quitterez ensuite la plaine du Pô pour vous diriger vers les contreforts des Alpes. Le tracé du Torino Nice Rally vous fera traverser des paysages à couper le souffle. Vous gravirez des cols légendaires comme le col Agnel (2 744 m), le plus haut col routier des Alpes franco-italiennes, où l'air se fait rare mais les panoramas époustouflants. Le col de la Bonette (2 715 m) vous offrira quant à lui une vue imprenable sur le Parc national du Mercantour.

À la rencontre des cols alpins version Gravel. © Torino Nice Rally

Ne manquez pas le passage par le col de Tende, avec son tunnel ferroviaire historique et ses fortifications militaires qui témoignent d'un riche passé. La descente vers la Méditerranée vous fera traverser les pittoresques villages perchés de l'arrière-pays niçois, avant d'atteindre la Promenade des Anglais, point final de votre odyssée.

LES COLS EN CHEMIN : DÉFIS ET PÉPITES

> Col du Mont-Cenis (2 083 m)

Votre première ascension d'envergure vous mènera au lac du Mont-Cenis, à cheval entre la France et l'Italie. Ce col, emprunté par Charlemagne et Napoléon, offre des vues spectaculaires sur les Alpes. Au sommet, visitez l'ancien fort et profitez du panorama sur le lac turquoise.

> Col d'Izoard (2 360 m)

Célèbre pour son rôle dans le Tour de France, l'Izoard vous accueille avec sa Casse Déserte, un paysage lunaire unique. Peu avant l'arrivée au col, faites une pause au refuge Napoléon. Dans la descente, découvrez le mémorial dédié à Fausto Coppi et Louison Bobet.

> Col Agnel (2 744 m)

L'un des géants du parcours, le col Agnel est le point culminant de votre voyage. La montée depuis Château-Queyras est un véritable défi avec ses 20 km à 6,6 % de moyenne. Au sommet, vous serez récompensés par une vue époustouflante sur le mont Viso. N'oubliez pas de vous couvrir, il peut y faire très froid même en été !

Des paysages d'un autre monde et pourtant... © Torino Nice Rally

LES INFOS POUR UN VOYAGE RÉUSSI

Tout au long de votre périple, vous découvrirez des joyaux cachés qui méritent amplement une pause :
- à Susa, admirez l'Arc d'Auguste, vestige romain du Ier siècle avant J.-C.
- dans le Val Maira, arrêtez-vous au village de Chianale, l'un des plus beaux bourgs d'Italie, avec ses maisons en pierre et ses toits en lauze.
- à Barcelonnette, ville française aux accents mexicains, profitez d'une sieste dans le parc de la Sapinière.
- dans la vallée de la Tinée, le village de Saint-Étienne-de-Tinée vous charmera avec son architecture alpine traditionnelle.

Pour reprendre des forces, voici quelques adresses à ne pas manquer :
- à Briançon, faites une halte à « La Table de l'Ours » pour déguster des spécialités locales dans un cadre chaleureux.
- dans le village d'Isola, « Le Chalet » vous propose une cuisine montagnarde réconfortante.
- à Sospel, « L'Odyssée » vous régalera avec ses plats méditerranéens et sa vue sur le vieux pont.

Le Torino Nice Rally s'adapte à tous les budgets et toutes les envies. Voici quelques suggestions d'hébergements :
- pour les amateurs de camping, le camping « Les Mélèzes » à Guillestre offre un cadre idyllique au cœur des montagnes.
- les auberges de jeunesse comme « La Cantinella » à Oulx proposent des nuits confortables à prix doux.
- pour une expérience plus rustique, le refuge Casòt dou Mélezé dans le Val Maira vous accueillera dans une ambiance authentique.
- si vous souhaitez vous offrir une nuit de luxe, l'hôtel « Le Hameau de la Sapinière » à Valberg allie confort et charme montagnard.

RECOMMANDATIONS TECHNIQUES

MATÉRIEL

Un Gravel à gros pneus (les plus larges possibles) ou un VTT seront parfaits pour ce type de parcours. Selon les options, vous pouvez partir ultraléger en allant à l'hôtel ou prévoir le kit de bivouac.

VÊTEMENTS

N'oubliez pas d'emporter des vêtements adaptés aux conditions changeantes en altitude. Tour de cou, doudoune et même jambières, manchettes devraient être dans vos sacoches. Un ensemble de pluie pourrait avoir sa place également.

LA BONNE PÉRIODE

La meilleure période pour entreprendre le Torino Nice Rally s'étend de juin à septembre. En juin, vous profiterez de journées longues et de températures agréables, mais attention aux cols qui peuvent encore être enneigés en altitude. Juillet et août offrent les meilleures conditions météorologiques, mais c'est aussi la période la plus fréquentée. Septembre, avec ses couleurs automnales, reste un excellent choix avec des températures douces et moins de monde sur les routes.

Préparez-vous à des variations importantes de température entre la plaine et les sommets. Il peut faire plus de 30 °C à Turin et moins de 10 °C au sommet des cols. La météo en montagne est changeante, alors consultez régulièrement les prévisions et soyez prêts à affronter des orages soudains, surtout en fin d'après-midi.

Pour plus d'informations rendez-vous sur le site du Torino-Nice Rally

et de la Smart Shelter Foundation

Ci-dessus
Des longues ascensions pour arriver à plus de 2 000 m d'altitude. © Torino Nice Rally

Page de gauche, en haut
Des instants que l'on savoure à deux... © Torino Nice Rally

En bas
Un lever de soleil en montagne, ça n'a pas de prix. © Torino Nice Rally

> Col de Vars (2 108 m)

Plus accessible, le col de Vars vous offrira un répit relatif. Profitez-en pour admirer les mélèzes et peut-être apercevoir des marmottes. Le village de Saint-Paul-sur-Ubaye, au pied du col, mérite une halte pour son patrimoine architectural.

> Col de la Bonette (2 715 m)

Préparez-vous pour la « plus haute route d'Europe » ! La montée est longue mais régulière. Au sommet, empruntez la boucle qui culmine à 2 802 m pour dire que vous avez gravi le plus haut col routier des Alpes. La vue sur le Parc national du Mercantour est à couper le souffle.

> Col de Tende (1 871 m)

Chargé d'histoire, ce col marque la frontière franco-italienne. Vous y découvrirez d'impressionnantes fortifications militaires. Le vieux tunnel ferroviaire, long de 3,2 km, est une expérience unique à vélo.

> Col de Turini (1 607 m)

Célèbre pour le Rallye de Monte-Carlo, ce col vous offrira une descente technique vers Nice. Au col, l'Hôtel des Trois Vallées est un arrêt apprécié des cyclistes.

07 THE ALPS DIVIDE

UN PARCOURS AUSSI EXIGEANT QUE MAGNIFIQUE

Texte d'après le récit transmis par Katie-Jane L'Herpinière

L'Alps Divide est un itinéraire de bikepacking sur terrains mixtes, serpentant le long des Alpes occidentales, de la mer Méditerranée au lac Léman, entre France, Italie et Suisse.
Ce voyage de 1000 kilomètres, avec 32000 mètres de dénivelé positif met en valeur la diversité des paysages extraordinaires que les Alpes ont à offrir, en empruntant des chemins moins fréquentés. Des paysages spectaculaires et isolés remplis de cols de haute montagne, de pâturages alpins, de lacs turquoise et de routes militaires historiques en gravier. Pour vous montrer de magnifiques parties des Alpes que vous n'avez peut-être jamais visitées auparavant.

Le parcours est très exigeant mais tellement beau ! Comme ici avec le mont Blanc en toile de fond. © The Alps Divide

LE PARCOURS

L'itinéraire part de Menton, petite ville méditerranéenne pleine de charme et de personnalité, avec ses maisons aux couleurs pastel, ses grands bâtiments baroques, ses plages immaculées, ses palmiers et ses jardins de citronniers.

En quittant le bord de l'eau, c'est la montée directe vers les montagnes et le magnifique petit village de Sainte-Agnès. Des chemins très roulants relient Sainte-Agnès au col du Braus, duquel nous descendons à Sospel.
Ensuite, nous basculons en Italie par la vallée de la Roya et le doux col de Vescavo. D'abord sur une route goudronnée très pentue par endroits, puis sur une section en graviers et cailloux peu roulante, avant d'atteindre le sommet par une ancienne piste militaire en balcon.
Après une longue descente rapide sur gravier vers Pigna, et le passage du village médiéval perché de Castel Vittorino, une montée goudronnée monte au Colle Langon avant de rejoindre le Refugio Allavena et la spectaculaire et historique Alta Via del Sale (Route du Sel), que nous suivons sur 80 kilomètres le long de la frontière, entre 1800 et 2100 mètres d'altitude. Aux prairies de la baisse de Peyrefique, nous dévalons jusqu'à Tende par une descente rapide et amusante sur gravier.
Nous sortons de la vallée de Tende par la route de la Maglia, une petite route construite dans la roche. La route se transforme finalement en gravier et rejoint d'anciennes routes militaires se dirigeant vers le massif de l'Authion. Une fois sur la route en balcon, n'oubliez pas de regarder derrière vous, la vue est superbe.

The Alps Divide est une course, mais aussi un parcours libre à faire à votre rythme. © The Alps Divide

Après avoir roulé dans le fond de la vallée, nous grimpons vers le vieux village perché de Venanson et empruntons les pistes en gravier au-dessus de Saint-Dalmas.
Après un peu plus de route dans le fond de la vallée, nous traversons Saint-Étienne-de-Tinée et le terrain redevient plus sauvage. L'ascension du col de la Moutière à l'écart du trafic motorisé du col de la Bonette est superbe ! Avant de descendre l'autre versant, nous traversons sur une piste en gravier pour faire une petite boucle autour de la cime de la Bonette (2 802 m, route goudronnée la plus haute de France) qui offre des vues magnifiques. Ensuite, par une longue descente en gravier meuble et accidenté par endroits, nous profitons de la solitude retrouvée et atteignons Bayasse, puis Barcelonnette.
Ensuite, une énorme montée de 22 kilomètres sur gravier jusqu'au tunnel du Parpaillon (520 mètres de long, à 2 637 m d'altitude, l'un des tunnels les plus hauts d'Europe) !
Plus loin arrivés dans la combe du Queyras, afin d'échapper au trafic de la route de l'Izoard nous empruntons la route secondaire. Passé Château-Queyras, alternant petites routes et pistes, nous arrivons au pied du col des Ayes que nous franchissons par le sentier (portage).
Après la vallée des Ayes, nous arrivons à Briançon et sa cité fortifiée. Ensuite, direction l'Italie par la vallée de la Clarée et le col de l'Échelle.

Un VTT équipé pour le bikepacking est recommandé pour vivre une bonne expérience. © The Alps Divide

Une belle haute vallée et un col de montagne tranquille qui offrent des vues à couper le souffle.

Depuis Bardonecchia, un aller-retour optionnel vous conduira par une longue montée en gravier de 26 kilomètres jusqu'au Colle del Sommeiller (2 993 m) à la frontière entre l'Italie et la France. La vue à 360 degrés y est spectaculaire !

Le retour en France se fait par une longue montée difficile sur une ancienne route militaire avec un portage final pour atteindre le col de la Roue. Les paysages sont magnifiques. La première partie de la descente est également en portage, et comporte des sections d'éboulis meubles et raides qui nécessitent de la concentration.
Après une section routière dans la vallée de la Maurienne, nous retrouvons la nature dans la vallée des Encombres avec pour seule compagnie les marmottes.
Depuis Moûtiers, un réseau de pistes agricoles et de sentiers forestiers nous mène au refuge de la Coire puis au Cormet d'Arêches. Là, une descente rapide dans le Beaufortain nous attend. Un peu après avoir passé le lac de Saint-Guérin, vous pouvez choisir entre deux itinéraires. L'itinéraire principal comprend une section de portage courte mais TRÈS raide sur

Les paysages vous couperont davantage le souffle que les montées. © The Alps Divide un sentier de randonnée étroit montant et passant la crête pour rejoindre une magnifique piste en gravier avec, à notre avis, le meilleur panorama de tout l'itinéraire Alps Divide. Les vues sur le lac de Roselend et le mont Blanc sont dignes d'une carte postale. Nous descendons ensuite vers le lac de la Gittaz, un endroit beaucoup moins fréquenté. Des lacets en gravier nous font monter et sortir de cette vallée cachée, en direction du col de la Gittaz. Alternant single track, portages, pistes, nous rejoignons Chamonix par les cols du Joly et de Voza. Les vues sur le mont Blanc sont superbes.

Direction la Suisse ! Nous prenons les petites routes secondaires et les pistes forestières à travers les vallées du Trient et de Salanfe. Une route en terre très raide mais fantastique, tracée dans la roche, zigzague jusqu'au lac de Salanfe. Une fois passé le refuge de montagne, la piste en gravier se transforme en sentier praticable jusqu'au col du Jorat.
Alors que nous traversons le côté ouest du massif de la Dent du Midi, nous sommes accueillis par la campagne suisse « carte postale », et le plateau de Barme en « cerise sur le gâteau », une vallée cachée qui n'a pas changé depuis des siècles.

Une fois de retour en France, nous voici dans la région du Géoparc du Chablais. Les beaux sentiers et les vues s'enchaînent. Après un passage dans le charmant village d'Abondance, nous gagnons le hameau d'Ubine, avant de descendre des montagnes jusqu'aux rives du lac à Thonon-les-Bains.

Ci-contre
Le départ de Menton aide à faire le plein de soleil. © The Alps Divide

Ci-dessous
Un parcours qui mettra vos jambes et votre patience à rude épreuve. © The Alps Divide

LES INFOS POUR UN VOYAGE RÉUSSI

L'itinéraire Alps Divide Bikepacking restera toujours, et avant tout, un itinéraire cyclable que les cyclistes peuvent parcourir et explorer à leur guise. Certains aiment le défi physique et mental de lutter contre la montre sous forme de course ou d'ultra. D'autres apprécient un rallye, car il offre la simplicité de la randonnée mais avec la camaraderie d'un ultra. Pour que chacun le parcourt selon ses envies, l'Alps Divide Bikepacking est proposé en trois versions : Ultra, Rallye ou Tour.

L'itinéraire se veut aussi « roulant » que possible, mais il est difficile par endroits. Si vous cherchez un itinéraire où vous roulerez 100 % du temps, alors l'Alps Divide n'est pas pour vous. Cependant plusieurs variantes évitent certaines sections de portage. Néanmoins, les quelques sections de portage que vous rencontrerez sur l'itinéraire principal valent toutes la peine pour les vues et pour vous emmener dans des vallées cachées loin des foules.

L'Alps Divide est un projet porté par Katie-Jane L'Herpinière et Lee Townend, tous deux professionnels de la montagne et bikepackers chevronnés. Dans cette association sportive à but non lucratif, ils ne gagnent pas un centime en organisant les événements ou en maintenant le site web et les fichiers à jour. Ils donnent de leur temps bénévolement uniquement par passion, comme un remerciement à une communauté et un sport qui leur ont tant apporté au fil des ans.

Important : fin août 2024, le tunnel du Parpaillon a été fermé pour éboulement, il est possible de rejoindre Château-Queyras via les cols de Vars et de Valbelle (Risoul) en utilisant le réseau de pistes existant. Dans le cas où il serait à nouveau ouvert, sachez qu'il est complètement noir ; attention aux flaques profondes et à la glace possible à l'intérieur (de bons éclairages vélo sont nécessaires).

RECOMMANDATIONS TECHNIQUES

MATÉRIEL

Sur ce type de parcours, il faut prévoir le kit de l'aventurier du bikepacking. Il s'agit de rouler en montagne, avec des sections caillouteuses. Donc prévoir plutôt un VTT, ou à défaut un Gravel à gros pneus (les plus larges possibles).
Selon les options, vous pouvez partir ultraléger en allant à l'hôtel ou prévoir le kit de bivouac.

VÊTEMENTS

N'oubliez pas d'emporter des vêtements adaptés aux conditions changeantes en altitude. Tour de cou, doudoune et même jambières, manchettes devraient être dans vos sacoches. Un ensemble de pluie est également à prévoir.

LA BONNE PÉRIODE

La meilleure période s'étend de juillet à mi-septembre. En juin, vous profiterez de journées longues et de températures agréables, mais attention aux cols qui peuvent encore être enneigés en altitude.

Plus que jamais sur ce type de parcours, renseignez-vous sur la météo à venir et les amplitudes thermiques.

Pour plus d'informations rendez-vous sur le site de The Alps Divide

et de Katie-Jane L'Herpinière

08 LA TUSCANY TRAIL

UNE AVENTURE À VÉLO AU CŒUR DE L'ITALIE

Quand on pense à la Toscane, on imagine souvent des collines verdoyantes parsemées de cyprès, des villages médiévaux perchés sur des hauteurs et des vignobles à perte de vue. Que diriez-vous de découvrir cette région emblématique d'Italie d'une manière totalement différente ? C'est exactement ce que propose la Tuscany Trail, un parcours de bikepacking qui vous fera vivre une expérience inoubliable.

La Tuscany Trail n'est pas une course, mais plutôt un voyage à vélo en autonomie. Le parcours de plus ou moins 500 kilomètres traverse la Toscane du nord au sud, vous offrant une immersion totale dans les paysages variés de cette région. Des plages de la mer Tyrrhénienne aux montagnes des Apennins, en passant par les célèbres collines du Chianti. Chaque coup de pédale est une invitation à la découverte, sur un parcours en boucle qui évolue chaque année.

La Tuscany Trail a été lancée en 2013 par Andrea Borchi, un étudiant en géologie passionné de bikepacking. Dès le départ, elle s'est distinguée en étant l'un des seuls événements « non assistés » au monde, aux côtés du Tour Divide et de la Highland Trail 550. Son originalité résidait dans la création d'un parcours inédit, contrairement à d'autres événements qui utilisaient des parcours préexistants.

La Tuscany Trail se prête très bien à une virée entre potes.
© Tuscany Trail

Les premières éditions étaient difficiles, conçues pour les VTT, avec des montées très exigeantes. À l'époque, le concept de bikepacking était presque inconnu en Italie. Borchi a utilisé ses connaissances en cartographie et GPS pour tracer un itinéraire unique qui a attiré 67 participants lors de la première édition en 2014.

Au fil des années, la Tuscany Trail est devenue synonyme d'aventure bikepacking de haute qualité. Elle se distingue par la combinaison de plusieurs éléments : la beauté de la Toscane, un itinéraire conçu dans les moindres détails et accessible à tous, et l'approche « sans course ».

L'événement met l'accent sur l'expérience du bikepacking plutôt que sur la compétition. Il a été l'un des premiers à s'ouvrir également aux vélos électriques, promouvant une aventure accessible à tous. Avec un parcours de 500 kilomètres environ, l'événement est présenté comme modérément difficile tout en ne nécessitant pas de compétences techniques avancées ou d'expérience significative en navigation.

Le succès de la Tuscany Trail repose sur un itinéraire de Gravel méticuleusement conçu, parfaitement adapté aux vélos Gravel. Cela découle d'une connaissance approfondie du territoire, que les organisateurs ont acquise au fil des années en parcourant chaque recoin de la Toscane pour trouver les meilleurs chemins.

Mais aussi en duo ou en couple.
© Tuscany Trail

Aujourd'hui, avec 3 700 vélos Gravel présents, la Tuscany Trail est devenue le plus grand événement Gravel au monde. Elle offre aux cyclistes l'opportunité d'explorer des paysages à couper le souffle sur des sentiers soigneusement conçus pour mettre en valeur les caractéristiques des vélos Gravel, combinant défis techniques et beauté naturelle.

LE PARCOURS

Votre aventure débute à Massa, une petite ville côtière nichée entre la mer et les Alpes Apuanes. Le départ matinal vous permettra de profiter de la fraîcheur pour attaquer les premières montées. Rapidement, vous quitterez le littoral pour vous enfoncer dans les terres, empruntant des chemins de terre et des routes secondaires qui vous feront découvrir une Toscane authentique, loin des sentiers battus.

La première partie du parcours vous conduira à travers le Parc naturel des Alpes Apuanes. Les montées peuvent être rudes, mais la beauté des paysages compense largement l'effort fourni. Vous ferez une pause bien méritée à Stazzema, un petit village accroché à la montagne. Le Bar Eliseo, sur la place principale, vous servira un expresso revigorant et une focaccia maison qui vous redonneront l'énergie nécessaire pour continuer.

L'un des moments forts de cette première journée sera la descente vers Lucques (Lucca en italien). Cette ville fortifiée mérite vraiment qu'on s'y attarde. Vous prendrez le temps de faire le tour des remparts à vélo, une expérience unique qui offre une vue imprenable sur la ville et ses alentours. Pour le dîner, vous suivrez les conseils d'un local et vous vous rendrez à l'Osteria Da Rosolo. Dans ce petit restaurant typique, vous dégusterez des pappardelles au sanglier, un plat traditionnel toscan qui ravira vos papilles fatiguées.

Le lendemain, direction les collines du Chianti. Ce paysage emblématique de la Toscane offre une succession de montées et de descentes qui mettent les mollets à rude épreuve. Mais comment ne pas être émerveillés par ces étendues de vignes à perte de vue, ponctuées de villages médiévaux et de domaines viticoles ? Vous ferez une halte à Greve in Chianti, considérée comme la porte d'entrée de la région viticole. Sur la piazza Matteotti, vous trouverez un petit café, Le Cantine, où vous pourrez vous restaurer tout en admirant l'animation de la place.

L'après-midi, vous poursuivrez votre chemin vers San Gimignano, la « Manhattan du Moyen Âge » avec ses tours emblématiques. L'arrivée dans cette cité médiévale après une longue journée de vélo est un moment magique. Vous trouverez refuge à l'Agriturismo Il Segreto di Pietrafitta, un lieu charmant niché dans les collines environnantes. La vue sur San Gimignano depuis la piscine de l'Agriturismo est à couper le souffle, surtout au coucher du soleil.

Le troisième jour vous conduira vers Sienne, joyau de l'architecture gothique italienne. L'arrivée sur la Piazza del Campo, cœur battant de la ville, est un moment fort du parcours. Vous prendrez le temps de visiter la cathédrale, véritable chef-d'œuvre de marbre blanc et noir. Pour le déjeuner, vous opterez pour l'Osteria Le Logge, une adresse réputée où vous savourerez des pici (pâtes typiques de la région) à la crème de truffe.

Après Sienne, le parcours devient plus sauvage, traversant le Val d'Orcia, classé au patrimoine mondial de l'UNESCO. Les paysages semblent tout droit sortis d'une carte postale : collines ondulantes, cyprès solitaires et villages perchés. Vous ferez étape à Pienza, petite ville Renaissance parfaite, où vous passerez la nuit à l'Agriturismo Terrapille. Ce lieu, rendu célèbre par le film *Gladiator*, offre une vue imprenable sur la vallée.

La Toscane et ses célèbres Strade Bianche. © Tuscany Trail

Le lendemain, direction Montalcino, célèbre pour son Brunello. La montée vers la ville est rude, mais la récompense en vaut la peine. Vous prendrez le temps de visiter la forteresse médiévale avant de vous diriger vers l'Enoteca La Fortezza di Montalcino pour une dégustation bien méritée. Le soir, vous dînerez à l'Osteria di Porta al Cassero, savourant une succulente bistecca alla fiorentina accompagnée d'un verre de Brunello.

La dernière partie du parcours vous conduira à travers la Maremme, une région moins connue mais tout aussi fascinante. Les paysages deviennent plus sauvages, alternant entre forêts denses et prairies ouvertes. Vous ferez une pause à Massa Marittima, charmante cité médiévale perchée sur une colline. La Piazza Garibaldi, avec sa cathédrale romane, est un endroit parfait pour une pause-café.

Le passage à Castiglione della Pescaia, sur la côte, marque déjà la fin de cette aventure, avant de finir la boucle. La vue sur la mer Tyrrhénienne depuis le château médiéval qui surplombe la ville est un moment d'émotion intense. Pour célébrer la fin du parcours, vous vous offrirez un dîner de fruits de mer à La Vela, un restaurant avec une terrasse donnant sur le port.

Ci-dessus
À votre rythme, selon vos envies, c'est ça la Tuscany Trail.
© Tuscany Trail

Page de droite, en haut
L'essentiel est de finir avec le sourire.
© Tuscany Trail

LES INFOS POUR UN VOYAGE RÉUSSI

La Tuscany Trail est bien plus qu'un simple parcours cycliste. C'est une immersion totale dans l'âme de la Toscane, une région qui ne cesse d'émerveiller par la beauté de ses paysages, la richesse de son patrimoine et la générosité de sa gastronomie. Chaque jour apporte son lot de découvertes et de rencontres.

Ce qui rend cette expérience unique, c'est la liberté qu'elle offre. Contrairement à une course organisée, vous êtes libres de vous arrêter quand bon vous semble, de modifier votre itinéraire, de prendre le temps d'explorer un village qui vous attire ou de vous attarder dans un vignoble pour une dégustation improvisée.

Le parcours est bien balisé et une trace GPS est fournie, ce qui vous permet de vous concentrer sur l'essentiel : profiter du voyage. La diversité des terrains – routes goudronnées, chemins de terre, sentiers forestiers – ajoute du piment à l'aventure et vous permet de tester les capacités de votre vélo Gravel.

Côté hébergement, les options sont nombreuses et variées. Des campings aux agriturismi en passant par les hôtels, il y en a pour tous les goûts et tous les budgets. Vous pourrez alterner entre camping sauvage dans des endroits idylliques et nuits dans des agriturismi pour profiter du confort et de l'hospitalité toscane.

La Tuscany Trail est une expérience unique qui combine le plaisir du vélo, la découverte d'une région magnifique et une immersion dans la culture italienne. Que vous soyez des cyclistes chevronnés ou des amateurs en quête d'aventure, ce parcours a quelque chose à vous offrir. Alors, êtes-vous prêts à enfourcher votre vélo et à partir à la découverte de la dolce vita toscane ?

RECOMMANDATIONS TECHNIQUES

Le choix du vélo et de l'équipement est crucial pour que vous profitiez pleinement de l'aventure sur la Tuscany Trail. Voici quelques recommandations :

MATÉRIEL

Un vélo Gravel est idéal pour ce parcours. Il offre un bon compromis entre efficacité sur route et capacité à affronter les chemins plus techniques. Un VTT peut aussi convenir, mais sera moins efficace sur les portions routières.
Optez pour des pneus d'une largeur comprise entre 40 et 50 mm. Cette largeur offre un bon équilibre entre confort, adhérence et résistance au roulement. Des pneus tubeless sont recommandés pour réduire les risques de crevaison.
Privilégiez une transmission avec un grand ratio, incluant un petit plateau (par exemple 30 ou 32 dents) et une grande cassette (jusqu'à 42 dents) pour affronter les montées les plus raides.
Des freins à disque hydrauliques sont préférables pour leur puissance et leur modulabilité, surtout dans les descentes techniques.

SACOCHES

Optez pour un système de sacoches légères et imperméables. Un sac de guidon, un sac de cadre et une sacoche de selle devraient suffire pour transporter l'essentiel.

ÉCLAIRAGE

Emportez un système d'éclairage puissant, car certaines portions peuvent vous amener à rouler à la tombée du jour.

NAVIGATION

Un GPS est indispensable pour suivre la trace. Choisissez un modèle avec une bonne autonomie ou prévoyez une batterie externe.

LA BONNE PÉRIODE

La météo en Toscane peut varier considérablement selon la période de l'année et l'altitude. Voici un aperçu pour les saisons les plus propices :

PRINTEMPS (AVRIL-MAI) :

- Températures moyennes : 10-20 °C
- Précipitations modérées, avec des averses occasionnelles
- Journées généralement ensoleillées mais fraîches le matin et le soir

Avantages : nature en fleurs, températures agréables pour l'effort
Inconvénients : risque de pluie, chemins parfois boueux après les averses

AUTOMNE (SEPTEMBRE-OCTOBRE) :

- Températures moyennes : 15-25 °C
- Précipitations plus fréquentes qu'au printemps, surtout en octobre
- Journées encore chaudes mais nuits plus fraîches

Avantages : couleurs automnales magnifiques, moins de touristes
Inconvénients : jours plus courts, risque accru de pluie en fin de saison

Dans les deux cas, il est essentiel de prévoir des vêtements adaptables :

- un coupe-vent imperméable léger ;
- des manchettes et jambières pour s'adapter aux variations de température ;
- un gilet thermique pour les matinées fraîches et les descentes ;
- des gants légers et un bonnet fin pour les passages en altitude.

N'oubliez pas que la météo peut changer rapidement, surtout dans les zones montagneuses. Vérifiez toujours les prévisions avant de partir et soyez prêts à adapter votre équipement en conséquence.

Pour plus d'informations rendez-vous sur le site de La Tuscany Trail

09 IBÉRICA NORTE

SUR LES TRACES DES DINOSAURES

Texte et photos Carlos Cuezva Moreno, créateur d'Ibérica Norte

Je dois avouer que j'admire le travail d'Ernesto. Quand j'ai découvert Montañas Vacías en 2019 ou 2020, ce fut une révélation. Pourquoi ne pas faire quelque chose de similaire là où j'habite ? J'ai donc commencé à faire du vélo dans la région avec mon ami Eugenio, et deux ans plus tard, j'avais la première boucle. L'itinéraire a été publié en juillet 2023 et je travaille maintenant sur d'autres boucles plus petites pour l'avenir.

Pendant le processus, j'ai également discuté avec Ernesto et nous avons finalement fait connaissance. Il était heureux de savoir que d'autres projets comme MV se développaient en Espagne, et aujourd'hui je suis heureux d'avoir eu l'opportunité de partager quelques aventures avec lui.

Ibérica Norte, ce n'est pas que du vélo. Comme Ernesto, j'ai à cœur de faire connaître ce coin d'Espagne et ses richesses culturelles, le vin et les dinosaures.

La Rioja, en raison du climat, est un endroit parfait pour la viticulture. Cette région est mondialement célèbre pour sa production viticole, comptant plus de 500 caves dont 80 sont ouvertes aux visites touristiques. La région viticole, classée DOCa (première appellation d'origine qualifiée d'Espagne), s'étend sur 60 000 hectares.

Ci-dessus
Loin des poncifs, Ibérica Norte vous invite à découvrir l'Espagne autrement.

Ci-contre
Un parcours où l'on s'imprègne d'une partie de la culture espagnole.

Elle est divisée en deux parties. La Rioja Alta, considérée comme la meilleure zone qualitativement, produisant des vins rouges corsés parfaits pour le vieillissement. La Rioja Alavesa, zone orientale au climat méditerranéen, produisant des vins riches en alcool.
Dans la région et le long de l'itinéraire, il y a des centaines de vignobles et de caves viticoles. Certaines sont très célèbres et produisent des vins vraiment excellents. Il y en a aussi d'autres dans de petits villages avec une production plus modeste, mais qui produisent également d'excellents vins d'auteur.

Concernant les dinosaures, La Rioja, et la zone que traverse l'IN, est également l'une des plus grandes zones au monde avec des restes fossiles de dinosaures et des empreintes. Ce territoire était plat pendant la période du crétacé et les dinosaures y marchaient. Ensuite, les couches se sont pliées et les montagnes se sont élevées, mais les empreintes sont visibles de nos jours.

UN PARCOURS UNIQUE À TRAVERS DES PAYSAGES SPECTACULAIRES

Ibérica Norte est une boucle de 550 kilomètres qui traverse la région de La Rioja et s'étend jusqu'aux territoires voisins de Soria, Navarre et Álava. Cette région d'Espagne, peu connue, est la frontière naturelle entre le Pays basque et la Navarre. Au sud et à l'ouest se trouve la Castille-et-León, avec qui elle partage ses montagnes. Des montagnes qui dépassent les 2 000 m, et dans lesquelles sept rivières prennent leur source et s'écoulent dans sept

LES INFOS POUR UN VOYAGE RÉUSSI

L'objectif est de faire découvrir cette partie de la géographie espagnole à travers le vélo, en mettant en valeur certains des points naturels et culturels les plus significatifs.

Normalement, le parcours évite le plus possible l'asphalte. La plupart du temps vous roulerez sur des pistes forestières, mais vous trouverez quelques sections de bitume, principalement sur des routes secondaires ou de montagne. Le choix du vélo vous appartient. Avec un VTT, il y aura des zones où vous serez plus performant, et sur d'autres parties du parcours un Gravel ou un vélo de voyage sera plus adapté. Cependant, quel que soit le vélo que vous choisissez, gardez à l'esprit qu'il s'agit d'un long itinéraire et exigeant – physiquement et/ou techniquement – dans de nombreux secteurs. Il y a aussi de courtes sections où, avec un vélo chargé, ce sera difficile ; vous devrez peut-être mettre pied à terre et pousser...

L'itinéraire est divisé en étapes mais uniquement à titre indicatif. Ce qui convient à une personne peut sembler trop pour une autre, et pour une autre peut sembler court, alors planifiez votre itinéraire avant de partir et soyez cohérent avec votre niveau de forme et votre état. Ce n'est ni un itinéraire d'initiation, ni une promenade à la campagne.

Les étapes sont divisées ainsi, à titre indicatif :
De la Demanda al Camero, 96 km, 2 630 m+
Tras las huellas de los dinosaurios, 114 km, 2 685 m+
Sierra de Alcarama y Vía verde del Cidacos, 106 km, 2 090 m+
Cabimonteros y Río Ebro, 96 km, 1 000 m+
La Rioja Alta, 134 km, 2 150 m+

Profitez de l'itinéraire et des paysages de manière détendue. Laissez-vous imprégner par la culture des villages, leurs habitants et leurs coutumes. Faites-le seul ou en compagnie. Mais quoi que vous fassiez, rappelez-vous que le seul objectif est de profiter, de se connecter avec l'environnement et de découvrir de nouveaux lieux et de nouvelles personnes à travers le vélo.

RECOMMANDATIONS TECHNIQUES

Les conseils sur le matériel sont assez basiques. Attendez-vous à un terrain rugueux, sans être trop caillouteux. Des pneus entre 45 mm et 50 mm seront parfaits.

Prévoyez bien vos possibilités de ravitaillement, de même que les options d'arrêts, notamment à l'hôtel ou en gîte. Pour le bivouac, c'est plus simple.

Prévoyez toujours des vêtements chauds en fonction de la période de l'année et des amplitudes thermiques, mais aussi les risques de pluie ou d'orage.

LA BONNE PÉRIODE

Du fait de la proximité des montagnes, la météo hivernale n'est pas la plus propice au bikepacking. Le printemps et l'été le sont davantage, avec des températures entre 22° et 27° en juin, et 25° à 30° en juillet août.

Pour plus d'informations rendez-vous sur le site de La Demanda Cycling

vallées pour se jeter dans l'Èbre. Historiquement occupée par des tribus, cette terre a été une frontière et un carrefour entre différents peuples et cultures, et aujourd'hui une terre de passage pour ceux qui parcourent le Chemin de Saint-Jacques. Les villes à proximité sont Logroño comme capitale, puis Haro, Arnedo, Calahorra ou Ezcaray comme chefs-lieux de la région.

Étant la communauté autonome la moins peuplée d'Espagne, la majorité de ses habitants vivent dans la capitale et dans les zones proches des rives de l'Èbre, les Sierras de la Demanda, Cebollera et Cameros étant les zones les plus dépeuplées. Avec des habitants accueillants et travailleurs, un climat agréable la majeure partie de l'année et un sol fertile, La Rioja est sans aucun doute un petit joyau à explorer à vélo.

Ci-dessus
Des pistes à n'en plus finir…

Ci-contre
Du vin, des traces de dinosaures, de belles montagnes, on ne peut rêver mieux non ?

Au départ, l'idée semble simple, mais en réalité, il existe d'innombrables parcours envisageables. Ibérica Norte est né avec l'idée de parcourir La Rioja, en pénétrant également dans différentes zones de Soria, de Navarre et d'Álava, en faisant une boucle à travers les montagnes de la Demanda, Cameros, Cebollera et Alcarama, entre une mer de vignobles et de champs cultivés abrités par la Sierra de Cantabria.

10 MONTAÑAS VACÍAS

LA LAPONIE ESPAGNOLE

Texte, photos et illustrations Ernesto Pastor, créateur de Montañas Vacías

Montagnes vides… C'est la traduction de Montañas Vacías. Un bout de territoire grand comme la Belgique, mais avec une densité de population de sept habitants au kilomètre carré (soit la moitié de la densité en Lozère). Vous comprenez mieux pourquoi ce coin est surnommé la Laponie espagnole.

GENÈSE

J'ai créé la route Montañas Vacías entre 2017 et 2018, avec un lancement officiel en décembre 2018. Durant cette période où le bikepacking en était à ses balbutiements, j'ai participé à quelques évènements, comme le Torino Nice Rally et le Cat700, où j'ai rencontré de nombreux cyclistes du monde entier. J'étais l'un d'entre eux, et j'ai pu comprendre et partager parfaitement leurs motivations, qui étaient aussi les miennes, et ce qu'ils recherchaient en choisissant une destination, un itinéraire ou un événement. Nous, cyclistes, valorisons les endroits reculés, sans trafic, les paysages épiques, les climats, et l'espace pour se retrouver. Sur ces deux parcours, j'ai compris que mon propre jardin pouvait offrir ces ingrédients. Je savais que je pouvais créer quelque chose ici, chez moi.

Ernesto est un véritable artiste, il pédale…

En m'entraînant pour mes voyages et mes évènements, j'avais tracé des centaines de kilomètres de routes autour de ma maison à Teruel (une centaine de kilomètres au nord de Valence), couvrant les cinq chaînes de montagnes qui entourent la ville (Sierra de Albarracín, Alto Tajo, Serranía de Cuenca, Sierra de Javalambre et Sierra de Gúdar). J'avais l'habitude d'ajouter tous mes trajets d'entraînement et points d'intérêt sur Google Maps. Ainsi, j'ai rapidement constitué suffisamment de matière brute pour définir un itinéraire intéressant pour relier ces cinq paysages, si différents et singuliers.
Il me restait simplement à le définir. Comme j'étais seul dans cette aventure, je ne voulais pas créer un événement ou une course, qui aurait nécessité une organisation et un suivi dans la durée. Il me fallait concevoir un parcours qui puisse vivre par lui-même. Par ailleurs, ma région étant l'une des plus dépeuplées d'Europe, il me paraissait important de l'articuler autour des nombreux villages en voie de désertification, et d'y amener un peu d'activité. Montrer ainsi qu'une initiative modeste, sans budget ni bénéfice, peut créer un impact qui serve d'inspiration de développement dans cette région désolée.
C'était une évidence, le format proposé devait être une route ouverte que les voyageurs pourraient emprunter toute l'année, avec toutes les informations disponibles gratuitement sur le web, en mettant l'accent sur la durabilité, la conservation et le tourisme responsable.
Au cours de ces années, la route originale ou les boucles ajoutées ont été primées par bikepacking.com et, en 2024, ont été récompensées par Quiet Parks International comme le premier Quiet Trail en Europe et la première route cyclable au monde à obtenir cette reconnaissance.

... peint à l'aquarelle...

LE SOUNDPACKING

Mon idée originelle était de renouer avec les espaces vides de l'Espagne rurale. Mais au fil du temps, il est devenu clair que ce n'était pas seulement une question d'exploration des paysages. J'ai rapidement compris que le type de silence profond et paisible que l'on trouve dans cette région devenait de plus en plus difficile à trouver de nos jours. Les voyageurs m'ont aidé à découvrir ce grand trésor caché. De plus en plus de cyclistes ont commencé à me faire part de la qualité acoustique de cette zone. Le silence devait être protégé au même titre que le paysage lui-même ! Et c'est là que l'enregistrement entre en jeu.

J'ai commencé à en apprendre davantage et j'ai obtenu beaucoup d'informations et de ressources de Quiet Parks International. Je les ai contactés, nous avons échangé de nombreux mails et appels vidéo, et en 2023 et 2024, j'ai eu la grande opportunité d'aller plus loin, si bien qu'ils ont envoyé un groupe de bénévoles pour vérifier et étudier la qualité des paysages sonores le long de la route de Montañas Vacías. Utilisant des enregistreurs, microphones et sonomètres de pointe, ils ont enregistré les sons naturels de la région.

Ci-dessus
… et enregistre des paysages sonores.

À gauche
Le parcours a obtenu l'agrément « parc silencieux ».

Ci-contre
Le « field recording », une pratique encore peu répandue dans le bikepacking.

Ce que j'avais toujours considéré comme silencieux s'est avéré plein de vie : des oiseaux gazouillant à l'aube, le son du vent dans les arbres, le murmure lointain d'un ruisseau. Tous ces sons font partie du paysage et ont été un grand moment dans mon processus d'apprentissage.

J'ai également commencé à incorporer l'enregistrement sonore dans mes voyages à vélo. Ce fut d'abord un moyen de capturer l'essence du paysage, puis plus je parcourais mon propre jardin, plus je comprenais que chaque son racontait une histoire. Les tronçons silencieux n'étaient pas toujours silencieux ; parfois, une voiture lointaine ou un avion occasionnel brisait le silence. Ces interruptions étaient aussi importantes que le silence lui-même. Elles m'ont montré le contraste entre la nature intacte de ces zones et le bruit qui menaçait lentement cette valeur.

J'ai réalisé la connexion entre l'enregistrement sonore et la photographie. Les deux sont des moyens de capturer des instants... qui passeraient inaperçus si nous n'y prêtions pas attention. Ces deux techniques expriment une émotion. Mais elles sont aussi une question de patience et de présence. Une photographie peut révéler quelque chose que nous n'aurions pas vu autrement, et il en va de même pour un enregistrement. Le bruissement des feuilles dans la forêt peut sembler être un bruit de fond, mais si on écoute vraiment, il devient partie intégrante de l'histoire. Plus qu'un simple outil pour sensibiliser à la réalité de ma région, enregistrer les sons est devenu un moyen de partager une expérience avec les autres. Ces paysages sonores sont une invitation à vivre la nature de manière plus profonde et plus détendue. À faire partie de ces paysages.

Lorsque Montañas Vacías est devenu le premier Quiet Trail d'Europe, ce fut énorme pour le projet, mais ce n'est que le début. Cette distinction et la poursuite des enregistrements sonores peuvent sensibiliser les populations locales, les administrations et les visiteurs.

Le silence est quelque chose dont nous avons besoin comme espace pour nous reconnecter. Des millions de personnes vivent chaque jour avec des niveaux de bruit bien au-dessus des recommandations internationales de santé. Il est donc important que, tout comme nous protégeons nos paysages, nous protégions nos paysages sonores avant qu'ils ne soient perdus pour toujours.

À gauche
En solo ou en groupe, dépaysement assuré.

À droite
Le site du parcours regorge d'informations pratiques pour préparer son trip.

Ci-contre
Teruel, point de départ et d'arrivée de ce périple à la découverte de la Laponie espagnole.

LES INFOS POUR UN VOYAGE RÉUSSI

Les Montañas Vacías, ce n'est pas qu'un parcours, c'est une expérience. Vous traverserez des territoires où la densité de population descend jusqu'à 1 habitant au km². Un voyage contemplatif où le silence devient votre compagnon.

Petit conseil : prenez le temps. Discutez avec les habitants. Chaque rencontre est un fragment d'histoire.

LE PARCOURS EN QUELQUES CHIFFRES

- Distance : 680 km
- Durée recommandée : 7 à 9 jours
- Dénivelé : 13 000 m
- Revêtement : 80 % de chemins

VILLAGES INCONTOURNABLES

Albarracín : village médiéval classé monument national

La Estrella : Hamlet symbolique de la résistance à la désertification

Blancas : à voir, un olivier millénaire

POINTS D'INTÉRÊT NATURELS

- Lagune de Gallocanta : plus grande lagune endoréique d'Europe
- Réserve naturelle du Moncayo
- Canyons du Tage aux eaux turquoise

LOGISTIQUE

En termes de ravitaillement, il y a peu de restaurants, mais vous pourrez manger dans les bars des villages. Emportez des vivres de secours. En ce qui concerne l'hébergement, vous pouvez vous appuyer sur les refuges gratuits le long du parcours et sur quelques hôtels dans les villages. Possibilité de camping sauvage (avec précautions).

RECOMMANDATIONS TECHNIQUES

Pour affronter ce territoire, voici quelques recommandations techniques :

Optez sur un Gravel ou un VTT hardtail.

Pneus larges (45-47 mm minimum). Optez pour un montage différencié avant/arrière (crampons et grip devant, roulant derrière).

Transmission avec développement bas (par exemple mono plateau de 34 à 38 avec cassette VTT en 50 ou 52).

Cadre robuste (acier ou titane), carbone orienté aventure (évitez les modèles trop « race »).

Porte-bagages et sacoches de bikepacking.

LA BONNE PÉRIODE

Les périodes idéales se situent entre mars-avril et octobre-novembre. Évitez l'été, où les températures peuvent devenir extrêmes. Les mois de transition offrent des conditions météorologiques plus clémentes et des paysages sublimes.

Pour plus d'informations rendez-vous sur le site de La Montañas Vacías

LES RÈGLES D'OR

Richard Delaume
www.richarddelaume.com
Instagram : @richard_delaume

Le bikepacking, ce n'est pas si difficile ! Encore faut-il respecter quelques règles simples pour éviter les déconvenues. En voyage à la cool ou sur une épreuve ultra, les règles sont les mêmes. Ces conseils peuvent sembler évidents, mais un rappel ne fait jamais de mal.

1 - PARTIR AVEC UN VÉLO EN BON ÉTAT

Vous voulez des anecdotes où je suis parti sans avoir vérifié l'éclairage ou le niveau de liquide préventif dans les pneus ? Avant de partir sur un trip bikepacking, n'oubliez pas de vérifier les points vitaux de votre vélo : pneus, freinage, transmission. Si vous voyagez avec votre vélo démonté (avion, voiture ou train), prévoyez des cales pour les étriers de freins, cela vous évitera de devoir bricoler pour écarter les plaquettes. De même, lors du remontage du vélo, vérifiez le serrage de la selle et du cintre en allant rouler un peu avant le grand départ.

Partir avec du matériel neuf et mal maîtrisé est aussi une erreur classique qui peut coûter cher. Un éclairage récalcitrant, une sacoche instable peuvent rapidement gâcher le voyage. Pour être tranquille, prévoyez des sorties avec l'équipement complet. Il y a deux vertus à cette méthode : vous apprenez à découvrir votre matériel et à le maîtriser. Vous roulez en conditions réelles avec le chargement et ses conséquences sur le pilotage ou le passage en côte. Il faudra alors peut-être revoir les braquets de votre vélo si vous prévoyez de partir à la montagne.
D'une manière générale, plus vous vous approcherez des conditions réelles du voyage lors de la préparation, plus vous pourrez vivre de situations proches de la réalité et développer une expérience du terrain. Avec cette expérience, vous partirez avec davantage de sérénité.

2 - LA DISTANCE

La relation à la distance est souvent source de nervosité, « Suis-je capable de parcourir cette distance ? ». Si vous prévoyez une distance, à plusieurs ou en solo, préparez-vous pour être capable de faire 70 % de la distance en amont. Par exemple, si je prévois un 200 km avec des amis, je dois être capable de gérer une sortie de 140 km environ.
Pour arriver à cette distance, vous pouvez planifier des séances en augmentant petit à petit le kilométrage. De cette façon, vous pouvez visualiser la progression et vous rendre compte de vos progrès. Cette façon de faire est à la fois apaisante et source de motivation.
N'oubliez pas de prendre en compte le dénivelé et la surface ; en effet 100 km sur route plate, ou 100 km dans les cailloux et la boue avec des côtes n'ont pas la même valeur. Météo, variations de température, altitude, distance entre les points de ravitaillement en fonction de votre vitesse moyenne importent également. En gros, assurez-vous de savoir où vous mettez les pieds.
Dernière astuce : quelle que soit la distance, fractionner en petits morceaux. Oubliez la globalité de ce qui reste à faire et concentrez-vous sur un micro-objectif intermédiaire. Par exemple, rouler par tranches de 50 km (et recommencer), passer cette côte, arriver au prochain village, etc.

On a roulé sur la Lune ! © Rodeo Labs

3 - LA ZONE DE CONFORT

Vous avez probablement lu ou entendu cette expression « sortir de sa zone de confort ».
Figurez-vous que c'est une grosse connerie ! Sortir de sa zone de confort lors d'un voyage à vélo peut s'avérer périlleux voire dangereux.
De même, rester dans sa zone n'est pas un aveu de faiblesse, c'est une preuve de courage et d'humilité que de dire « Je fais ce dont je suis capable ».
Pour éviter les désagréments, tracez deux cercles sur une feuille, la zone de confort et la zone de compétence. Écrivez simplement ce que vous savez faire (à l'intérieur du cercle) ou pas, les conditions qui vous mettent mal à l'aise (à l'extérieur du cercle).
Vous avez maintenant une vision de ce que vous pouvez faire sans partir dans une grosse galère. Et aussi ce que vous devez apprendre à maîtriser pour aller plus loin.

4 - POURQUOI

Il arrivera peut-être un moment où vous vous poserez cette question « Qu'est-ce que je fous là, pourquoi je fais ça ? ».
Si vous avez la réponse, vous repartirez aussitôt.
Si vous n'avez pas la réponse, essayez de questionner votre motivation avant de partir.
Là aussi, un petit dessin vous aidera.
Sur une feuille, dessinez un iceberg avec une pointe visible, la ligne de l'eau et enfin, une partie immergée, cachée.
Listez maintenant les raisons qui vous poussent à partir à vélo. Certaines sont visibles et sympas : l'aventure, le dépaysement, etc. C'est la partie visible de l'iceberg. D'autres raisons sont plus cachées et personnelles, elles constituent la partie immergée de l'iceberg.
Plus vous aurez gambergé sur les raisons de votre voyage, plus vous aurez d'arguments à donner à votre corps pour avancer malgré la fatigue ou un petit bobo. Et cela n'en rendra le voyage que plus beau, car vous roulerez pour des raisons qui vous appartiennent.

5 - ROULER SELON SES CAPACITÉS

Ce voyage, vous en rêvez depuis des mois, alors maintenant c'est parti, les chevaux sont lâchés ! Attention à l'excès d'enthousiasme et à trop en faire. Essayez de rouler selon vos capacités en termes de distance quotidienne, de dénivelé, de surface. Prévoyez un programme réaliste et réalisable et tenez-vous à ce programme en restant dans votre zone de capacité et de compétences. Avec la pratique et l'expérience, cette zone grandira toute seule.

Le cycle du mental

Les 15 phases pour réussir

Richard Delaume
www.richarddelaume.com
Instagram @richard_delaume

1 **Le désir**
Tu as envie de te lancer.
À toi de trouver dans quoi :
le Gravel, le voyage,
le bikepacking, l'ultra ?

2 **Pourquoi ?**
Quelles raisons te poussent à vouloir te lancer ?
À toi de trouver l'iceberg de tes motivations :
certaines sont visibles et faciles à nommer.
D'autres sont cachées et connues de toi uniquement.
Fais un dessin, c'est plus visuel.

3 **Quoi ?**
Une épreuve.
Un défi perso (un Off).
À toi de trouver
ce qui te correspond le plus.
Cela doit être réaliste et réalisable.

4 **Dessine ta zone de compétence**
Dans un cercle,
écris ce que tu sais faire.
En dehors du cercle,
écris ce que tu dois
apprendre à faire.

5 **Dresse le portrait-robot de ton épreuve/défi.**
Ne t'arrête pas à la distance et au dénivelé positif.
Dresse le portrait le plus précis possible
(km, D+, terrain, météo, amplitude thermique,
distance entre les ravitaillements,
sommeil, etc.).

6 **La recherche**
Fouille et cherche
des informations
pour savoir
ce qui t'attend.

7 **Prépare-toi**
Imagine des entraînements
qui correspondent à la fois
à ta zone de compétence
et au portrait-robot
de ton épreuve/défi.

8 **Prépare ton matériel**
Fais simple. Teste ton vélo en conditions réelles,
dans différentes conditions, pour maîtriser.
Tu es capable de justifier ce que tu emportes.
Si c'est « au cas où », c'est en trop.

9 **Observe**
Observe tes pensées,
tes émotions et tes réactions.
Note-les dans un carnet
et trouve des parades.

10 **Sois indulgent avec toi-même**
Tu as le droit de louper.
Écris ce que tu réussis
et ce que tu loupes,
puis trouve des solutions.

11 **Donne-toi le temps**
Imagine des phases
de progression pour valider
de petits succès
qui donnent confiance.

12 **Prépare un plan**
Imagine un plan réaliste
pour une journée sur le vélo.
Le plan, c'est la sérénité.
Tu appliques ton plan,
sans chercher à suivre les autres.
Souviens-toi :
« On fera les comptes à l'arrivée ».

13 **Partir**
Tu as préparé ce défi,
cette épreuve. Tu as un plan.
Répète-toi cette phrase :
« Ici et maintenant,
je fais avec mes moyens
du moment ».

14 **Pendant**
Si c'est dur, souviens de ton « Pourquoi ? ».
C'est une branche solide
à laquelle tu peux t'accrocher.
Découpe ton parcours
en petits tronçons et micros objectifs.
Par exemple : « Je vais au prochain village »,
plutôt que « Il reste encore 170 km ».

15 **Après**
Tu es plus riche d'expériences.
Écris ce que tu as réussi et loupé.
Sois le plus honnête possible.
À toi de voir si tu veux recommencer.

Cela dit, si vous allez au-delà de vos possibilités, vous découvrirez d'autres sensations, d'autres réactions de votre corps et de votre mental et vous en tirerez de précieux enseignements. Cela signifie également être vigilant aux signaux envoyés par votre corps. Une petite douleur à un genou ou un trouble digestif sont les signes précurseurs d'une fatigue importante.

6 - AVOIR LE VÉLO LE PLUS LÉGER POSSIBLE

Attention, être le plus léger possible ne veut pas dire qu'il faut partir à poil, cela signifie qu'il faut emmener le nécessaire pour être confortable, vous protéger du froid ou de la pluie, pour ne manquer de rien. Généralement, on charge trop les sacoches avec des trucs inutiles, par peur de manquer et pour tenter de se rassurer tant bien que mal. À moins de partir dans des conditions extrêmes, l'expérience vous apprendra à prendre le strict minimum. De plus, être chargé signifie alourdir le vélo donc compliquer les ascensions à cause de cette p... de gravité. N'oubliez pas d'ajuster vos braquets en fonction du chargement et du dénivelé prévu.

Le conseil c'est d'être capable de justifier chaque choix d'équipement avec précision. Si on emmène un truc « au cas où », c'est inutile de le prendre.

Quand vous rentrez, demandez-vous si vous avez manqué de quelque chose et si vous avez tout utilisé. Faites la balance de tout cela et ajustez pour la prochaine sortie.

7 - MANGER (LE PLUS POSSIBLE) ET BOIRE

Là encore, un conseil qui peut sembler inutile, pourtant la gestion de l'alimentation est un problème qui touche tout le monde. Le principe est simple, il faut manger pratiquement en permanence pour alimenter la chaudière. Bien entendu, les quantités et compositions sont variables selon les individus en fonction des goûts de chacun et de l'intensité de l'effort. Les conditions climatiques chaudes et l'épuisement incitent à moins manger, essayez de ne pas tomber dans ce piège vicieux. De même, buvez régulièrement par petite quantité. Pour info, une diminution

Profiter de la quiétude des lieux. © Zéfal

du volume hydrique dans l'organisme entraîne une perte de rendement de 20 %... S'il fait chaud, n'hésitez pas à supplémenter en électrolytes pour compenser les pertes liées à la transpiration et éviter pas mal de désagréments.

8 > DORMIR

En cas de grosse fatigue ou simplement pour éviter d'en arriver là, le sommeil reste la meilleure solution. Micro-siestes de 15 minutes, cycles de 1 h 30 ou même 4 à 6 h, vous avez différentes options pour passer un moment difficile. Hôtel ou bivouac, vous avez le choix en fonction de votre expérience, vos préférences et les conditions météo. Dernier détail : ne jamais abandonner de nuit. Si cette idée vous traverse l'esprit, mangez et dormez. Au réveil, avec la lumière du soleil, tout sera différent.

Si la pensée d'abandon vous traverse l'esprit, ressortez votre iceberg des motivations et posez-vous cette question : « Qu'est-ce que je perds en abandonnant ? ».

Avant de partir, interrogez-vous sur vos motivations profondes. Cela vous sera bien utile quand il faudra lutter contre la tentation de sauter dans un train pour rentrer à la maison.

Savoir où l'on met les roues. © Rafa Romero

9 > PRÉPARER SON PARCOURS

La préparation, c'est 80 % du succès, tous domaines confondus. En faisant cela, vous anticipez les lieux de ravitaillement, de dodo. Vous pouvez également vérifier la qualité de la trace avec les surfaces et les courbes de niveau. Si vous roulez en zone rurale, vérifiez les horaires d'ouverture des commerces, les boulangeries ferment souvent entre 13 h et 16 h Repérez les fontaines, les cimetières (où l'on trouve des points d'eau), les hôtels, gîtes ou chambres d'hôtes. Plus vous serez préparé, plus vous serez capable d'improviser face à l'imprévu. À l'inverse, évitez la sur-préparation avec des étapes fixes ; les impondérables et la fatigue peuvent vous empêcher de réaliser le plan à la lettre et créer ainsi un stress inutile. Préparez-vous un document facile à consulter, créez des repères sur une carte google Mymaps ou utilisez l'app Maps.me.

10 > PRÉPAREZ-VOUS AU PIRE

La règle d'or, celle qu'on ne peut pas transgresser, c'est « rentrer à la maison en un seul morceau ». Pour cela, vous devez impérativement être prêt aux conditions climatiques les plus hostiles et vous équiper en conséquence. Emportez donc toujours au moins une veste de pluie. Peuvent s'ajouter à cela, jambières et manchettes, doudoune, gants longs, etc. Tout dépend du lieu et de la météo. Renseignez-vous sur la météo de votre destination, observez la météo la semaine précédente. Mon app favorite ? Windy.com.

Partir à l'aventure est une chose magnifique, mais il ne faut pas négliger la sécurité, spécialement en montagne où les conditions changent très vite et peuvent faire dégénérer une situation déjà précaire.

11 > NE PAS AVOIR PEUR DE SE TROMPER

Vous savez quoi ? Vous allez vous planter, commettre des erreurs de débutants et c'est OK ! Tout le monde se trompe. Les champions aussi font des erreurs... de débutant parfois. En revanche, vous devez tirer les enseignements de ces erreurs, par exemple en écrivant les réussites et échecs de votre aventure. Être capable de formuler clairement une erreur, c'est déjà un pas vers des progrès. Et écrire ce qui a fonctionné renforce cette compétence pour la prochaine fois.

12 > RESTEZ COOL

En toutes circonstances, il faut rester cool et ne pas céder à la panique ou à l'énervement, ces émotions sont légitimes mais ne vous aideront pas à trouver une solution. Quelle que soit la situation, gardez votre calme, forcez-vous à rester calme ou faites semblant d'être cool.

Si la situation vous échappe, respirez profondément trois fois et posez-vous cette question : « Ici et maintenant, qu'est-ce que je peux faire pour faire avancer mon vélo ? ».

De cette façon, vous restez dans le moment présent et vous reprenez la maîtrise de la situation. Les options sont variées : manger, boire, rouler très doucement, s'arrêter dormir, etc.

Et souvenez-vous : il y a toujours au moins deux solutions à un problème.

13 > PARTIR MALGRÉ TOUT

Vous êtes arrivés au bout de cette liste, bravo ! Maintenant, il faut partir et oublier tout ce blabla. Savoir ce qu'il faut faire est une chose, le faire sur le terrain en est une autre. Oubliez vos peurs, essayez de les surmonter (ou faites semblant) et lancez-vous ! De toute façon, tout se passera d'une manière totalement inattendue. Plus vous aurez préparé, plus vous aurez la capacité à garder votre calme et à trouver une solution. Pour conclure, souvenez-vous de cette citation de Mike Horn : « Pour se mettre en marche, il suffit d'avoir 5 % de réponses à ses questions. Les 95 % restantes viennent le long du chemin. Ceux qui veulent 100 % de réponses avant de partir restent sur place. »

VAUDE

> VAUDE – une entreprise allemande familiale, toujours indépendante, créée en 1974 par Albrecht von Dewitz au pied des Alpes – et depuis 2009, entreprise **pionnière de la gestion durable** sous l'impulsion de sa dirigeante engagée, **Antje von Dewitz, fille du fondateur.**

> VAUDE conçoit des **vêtements et équipements outdoor techniques, accessibles et responsables,** tant du point de vue écologique qu'éthique, pour les activités en extérieur, en ville ou en nature – et principalement à pied ou à vélo.

> Avec la création de son propre label d'exigence et de durabilité **« Green Shape »**, VAUDE fixe les objectifs éthiques et écologiques **les plus exigeants du secteur outdoor** en matière de production, afin de stimuler l'innovation et la recherche d'alternatives à la chimie traditionnelle.

> VAUDE est aussi depuis 2015 membre « leader » de la **Fair Wear Foundation,** au vu de la protection des travailleurs dans toute la chaîne d'approvisionnement, dans le monde entier.

> L'entreprise familiale VAUDE a banni les PFC, qui assurent traditionnellement l'étanchéité, de l'ensemble de sa production, à l'exception de quelques modèles de tentes. Entre autres, VAUDE n'emploie pas de PVC et lutte contre la pollution des microplastiques en trouvant des alternatives à la fibre synthétique. Et VAUDE incorpore un nombre croissant de textiles recyclés, biosourcés et biodégradables dans ses collections.

> Et c'est la P.-D.G. de VAUDE, Antje von Dewitz, entrepreneuse visionnaire, personnalité publique de premier plan en Allemagne, et mère de quatre enfants, qui impulse l'avancée de VAUDE.

« J'ai toujours eu le désir [...] de contribuer à un monde qui vaut la peine d'être vécu. [...] Je considère comme une obligation morale de gérer une entreprise de manière qu'elle assume la responsabilité globale de ses actions et ne nuise pas aux êtres humains ou à la nature », affirme Antje von Dewitz dans une interview de *L'Arrogante*.

> Son engagement radical et inspirant est **récompensé régulièrement** depuis 15 ans.

REMERCIEMENTS

Mon père, pour m'avoir offert la passion du vélo.
Ma mère, qui aurait adoré voir cet ouvrage, pour m'avoir soutenu, toujours.
Ma sœur, Mélissa et Cléophée.
Vanessa , mon ange tombé du ciel (avec un vélo).
Ellie et Ari, mes enfants chéris.
Lisa pour la bonne humeur.
Vianna et Philippe pour me rappeler le sens du travail et de l'exigence.
Bérengère, pour son soutien.
Stéphane Brogniart et Joy Imbert.
Benjamin pour les conversations à rallonge.
À Jean-Paul, des éditions Glénat, qui m'a fait confiance pour cet ouvrage et pour sa patience.
À vous avec qui j'ai roulé ces dernières années et qui m'avez appris quelque chose.
Aux créateurs de parcours, aux athlètes, aux experts sans qui ce livre n'aurait pas la même saveur.

À mon chien, Salomon Le Magnifique.

Photo de couverture : © Artur Nychyporenko / Alamy

Conception maquette, prépresse et fabrication : Glénat Production (Grenoble)

Couvent Sainte-Cécile – 37, rue Servan – 38000 Grenoble
www.glenat.com
contact@glenat.com

Dépôt légal : avril 2025
ISBN : 978-2-344-06634-8 / 001

Achevé d'imprimer en Espagne en avril 2025 par Indice S.L., sur papier provenant de forêts gérées de manière durable.

PEFC
PEFC/14-38-00202
Certifié PEFC
Ce produit est issu de forêts gérées durablement, de sources recyclées et contrôlées
www.pefc-france.org